マンガでわかる
女性とモメない
職場の心理学

「何が自分と違うのか?」から
気持ちをつかむ会話術まで

ポーポー・ポロダクション

著者プロフィール

ポーポー・ポロダクション
「人の心を動かせるような良質でおもしろいものをつくろう」をポリシーに、遊び心を込めたコンテンツ企画や各種制作物を手がけている。色彩心理と認知心理を専門とし、心理学を活用した商品開発や企業のコンサルタントなども行う。著書は、『マンガでわかる色のおもしろ心理学』『マンガでわかる心理学』『デザインを科学する』『マンガでわかる人間関係の心理学』『マンガでわかるゲーム理論』『マンガでわかる行動経済学』(サイエンス・アイ新書)、『人間関係に活かす！使うための心理学』(PHP研究所)、『「色彩と心理」のおもしろ雑学』(大和書房)など多数。
http://www.paw-p.com/

本文デザイン・アートディレクション：クニメディア
イラスト：ポーポー・ポロダクション
校正：曽根信寿

はじめに

　私は心理学に深く関わる前、デザインの仕事をしていました。最初に就職したのはある会社のデザイン室。部署のメンバーは十数名、私を除いてすべて女性で、直属の上司も室長も女性でした。昔から人間観察が得意なつもりでしたが、ここではそんなものは通用せず、女性とのコミュニケーションで悩みました。会話中、女性を不機嫌にすることもありました。そのときの私には何が悪いのかわかりませんでしたが、しばらくして、女性には男性と違う特有の心理があることを知ったのです。そこから女性の心理について学び、女性社員との付き合い方を修正していきました。ポーポー・ポロダクションは、今ではたくさんの心理学本を書いていますが、心理学の原点は「女性との接し方」のつまずきから始まっているのかもしれません。

　女性には女性独自の感情の動きや判断基準があります。女性の視点を理解しないと、男性はいつまでたっても女性とわかり合えません。相手を批判しても何も改善にはつながらないのです。女性の心の奥を知り、思考回路のメカニズムを知って、相手を尊重しましょう。

本書では、オフィスで女性とモメることなく、うまく接する方法を中心にお伝えしています。女性独自の考えや心理を知って、女性たちとうまく付き合っていってほしいという考えでまとめました。心理学の理論だけでなく、脳科学の知見や行動科学、行動経済学、生物学も参考にしています。また私自身の現場での実体験に加え、働く女性への取材も行いました。彼女たちは何を考え、何を不満に思っているのか？　すると最近の女性が重視している心理や最近の心理傾向が見えてきました。今現場で問題になっていることの解決法や、そのヒントをまとめています。執筆から完成まで3年以上の期間がかかりました。

　もちろんオフィスだけでなく、家庭での妻とのコミュニケーションにも使えますし、学校で女性と接する際にも役立ちます。男性だけでなく、女性に読んでいただいても、女性同士のコミュニケーションに大いに役立つと思います。誰もが感じている初歩的な疑問から、意外な効果が見込める方法まで、範囲も難易度も幅広く想定しました。

　では、具体的にどんな内容が書かれているか、少しだけ紹介します。

- ☑「いつも言い訳をする正当化キャラ」「テンパリスト」「わがまま利己主義女帝」とどう付き合うか？
- ☑ 男性と女性では仕事に関する価値観がなぜ違う？

- ☑ アゴの角度ひとつで、女性の好感度アップ
- ☑ 女性が思わず心を開く会話術
- ☑ 女性に絶対にしてはいけないこの叱り方
- ☑ この「ほめ言葉」で女性は動いてくれる！
- ☑ 関係が悪化した女性との関係改善策
- ☑ なぜ「便座を下げて」と女性は訴えるのか？
 その理由がわかれば、女性とうまく付き合える！

　このような内容はごく一部です。女性の心理傾向を知って、うまくコミュニケーションに役立ててください。

　また本書には奇妙なサルたちが多数登場します。彼らは感情や表現したい色を頭の花の形や色で表現する「ミホンザル」と呼ばれる種類のサルです。ちなみにオスの頭には淡い黄色、メスには淡いピンクの花が咲いています。怒ると赤に、絶望するとブルーに、さらにショックを受けると灰色になって枯れるそうです。日本の固有種であるニホンザルの亜種でしょうが、詳しい生態はほとんどわかっていません。ちなみに日本語を話しますが、あまり賢くはありません。この本のマンガに協力してくれたことに、感謝をしたいと思います。

ポーポー・ポロダクション

マンガでわかる女性とモメない職場の心理学

「何が自分と違うのか?」から気持ちをつかむ会話術まで

CONTENTS

はじめに ……………………………………… 3

序章　タイプ別女性社員の対処法
すれ違う女性社員と男性社員 …………………… 10
女性との人間関係を「我慢」していませんか? … 12
言動がめまぐるしく変化する気分屋さん ……… 14
なぜかイライラしている女性 …………………… 16
変化を受け入れられない頑固ウーマン ………… 20
何にでも言い訳をする正当化キャラ …………… 22
仕事を抱える真っ白なテンパリスト …………… 24
何でもハイハイと答えるイエス女子 …………… 26
自分が大好きなナルシスト女性 ………………… 28
不平爆発! わがまま利己主義女帝 ……………… 30
細かいことをずっと根に持つ固執キャラ ……… 32
相手にも完璧を求める完璧主義者 ……………… 34
相手を拒絶しないで、内面を探ろう …………… 36

1章　女性と男性は何が違うのか?
男性脳と女性脳 …………………………………… 40
会話のとらえ方、使い方の違い ………………… 44
仕事に対する意識、価値観の違い ……………… 50
得意な思考回路の違い …………………………… 58
認知能力にも違いがある ………………………… 64
恋愛に対する考え方の違い ……………………… 68

2章　女性とうまく接する土台作り

女性はどのように印象を作るのか　78
外見を整える、身だしなみの基本　80
なぜ女性は「清潔感」を求めるのか？　82
顔はもっとも重要な要素　84
面積が大きいスーツやシャツの着こなし　90
色彩戦略を使って印象をよくする　92
よい表情は、自然な視線から　96
笑顔と「好意の返報性」　98
アゴの角度ひとつで印象が変わる　100
すっと背筋をのばし、印象のよい姿勢に　102
話している間はどこにも触らない　104

3章　女性とうまく向き合う会話術

女性社員を「仕事仲間」として認める　108
「結果」と「努力」、どちらを認めるべきか　110
感謝は相手を認めるサイン　112
「ありがとう」と目を見て言う　114
特定の相手を特別扱いしない　116

CONTENTS

話しやすい雰囲気の男性社員になる ………… 118
話しやすい会話を生む8つの技 ………… 120
悩みを言えない女性 ………… 126
会話を「質問力」でうまく乗り切る ………… 128
「色の好み」から相手の性格を知る ………… 134
女性をどう叱るか？ ………… 140

4章　心から女性社員を動かすテクニック

便座を下げる男になれば、
　　女性とうまく付き合える ………… 146
女性は「ほめて」のばす ………… 148
ほめるのが苦手な人へ ………… 152
女性に使える「ほめ言葉リスト」 ………… 154
仕事の指示は「わかりやすい」が得 ………… 158
男女によって変えたい会議室 ………… 162
女性の「どちらがいい？」は女性に戻す ………… 164
女性が失敗したら「おつかい」を頼む ………… 166
笑える「自虐ネタ」を使えるように ………… 168
女性に「イエス」と言わせるテクニック ………… 170
女性の「タイムリミット」から来る危機感 ………… 174
関係が悪化した相手との関係改善策 ………… 176
辞めたい女性を踏みとどまらせる技術 ………… 180
女性社員とうまく接する人は出世する ………… 182

おわりに ………… 184
参考文献 ………… 186
索引 ………… 187

序章

タイプ別女性社員の対処法

オフィスには、実にさまざまなタイプの女性社員がいて複雑です。そのややこしい部分はどこから来ているのか、行動の原理を理解し、どのように対応すべきなのかを考えてみましょう。

すれ違う女性社員と男性社員
～「よかれ」だけではうまくいかない～

　同じような仕事をしていても、男性と女性は違います。外見だけでなく、考え方、反応するもの、見えているもの、喜ぶポイントにも不快に思う状況にも、男女には大きな違いがあります。

　たとえばこんなシチュエーションを考えてみましょう。ある女性社員が仕事のやり方に不満を持ったとします。それを知ったある男性社員は、一生懸命に改善策を考えて、女性社員に「こんな風に仕事をしてみたら」とアドバイスをします。すると女性社員からは「ありがとうございます」ととりあえず礼を言われたものの、どこか不自然な反応。男性社員は何か悪いことを言ったのか、不機嫌にした理由がわからず、「せっかくアドバイスをしてあげたのに」となんとなくモヤモヤしてしまいました。これは、女性社員が求めているものと男性社員の取った行動がすれ違っていることで起こる現象です。

　男性社員は改善策を思いついてアドバイスしてあげたのですから、感謝されるだけでなく、もしかしたら「スゴイです！」と尊敬されるかもしれないと思っていました。ところが女性社員からしてみたら、そんな正論を言われるよりも、とにかく最初に、自分の不満を聞いてもらいたかったのです。

　心理学や脳科学の知見から、近年、男性と女性では脳の働きに大きな違いがあることがわかってきました。男性と女性では、機能的にも大きく異なる部分があるのです。男女は違うのですから、それを配慮せずに付き合っていたら、誤解を生んだり、相手を怒らせてしまったりするのは当たり前のことです。

序章 タイプ別女性社員の対処法

女性との人間関係を「我慢」していませんか?
~まずは女性の気持ちを理解する~

　ポーポー・ポロダクションが3,517人を対象としておこなった「人間関係に関するアンケート調査」※で、職場の人間関係に困っている人がとても多いことがわかりました。中でも「女性社員にどう接していいかわからない」という悩みを抱える男性社員が、非常に大勢いるようです。

　女性の気持ちが理解できない、女性社員との接し方がわからない男性社員はたくさんいます。あなただけではありません。

　みなさんはどのように女性社員の方と接していますか?

　もしかして無理に相手に合わせようとして辛い思いをしたり、嫌な気持ちを心の奥にしまって、見なかったことにしていませんか? では、どうすればいいのでしょう?

　あなたに必要なのは「我慢すること」ではありません。

　大事なのは女性の心理を知ることです。女性がどうしてそのような言動をするのか理由を考え、行動の原理を理解することです。するとうまく付き合う対応策が見えてきます。相手が何を考えているかわからない、理解できないから、行動が予測できずに振り回されてしまうのです。男性と女性の「違うところ」「違う理由」を知って初めて、異性を尊重し、よりよい人間関係を構築するテクニックが有効に働くのだと思います。

　では具体的に、職場においてちょっとクセのある女性社員に登場していただき、そのクセがどこから来ているものなのかを解説し、どのように対応すべきなのかを考えてみましょう。

※男性2,145人、女性1,372人、参加年齢11~93歳(最多年齢層35~40歳)

type 01

言動がめまぐるしく変化する気分屋さん
～自分の感情に素直な人への対処法～

　職場で、気分屋の女性に悩まされることはありませんか？　日によって言うことがコロコロ変化し、普段は社交的で優しいのに、突然不機嫌な顔をして無愛想になるときも。そんな相手には、いつも顔色をうかがって、おそるおそる接しなくてはいけません。

　気分屋というのは、心理学的に見ると「感情が動きやすい人」「感情に素直に振る舞う人」と言えます。感情がコントロールできないので、気分次第でモノや人に八つ当たりすることもあります。

　こうした女性が上司だと、部下は悲惨です。昨日はAと言ったのに、今日はBと言うし、そういえば一昨日はCだったというように、そのときの気分で指示が変わります。思考ではなく感情でものを判断しているのです。

　見方を変えると自由に生きている人とも言えます。私たちは子どものころ、感情を素直に表現し、泣きたいときに泣き、怒り、笑って生きてきました。ところが大人になるにつれ、そうしたことが許されなくなり、自分の感情をコントロールするようになるのです。ですから、気分屋が必ずしも「悪い」とは言えないでしょう。気分屋の人は自分が気分屋であることを知らないケースがあります。感情を素直に表現するのは悪いことではないと伝えたうえで、反応が毎回変わると、人は不安になることを知ってもらい、仕事では「一貫性」を心がけるように伝えるべきです。また、毎日言うことが変化する上司には、AかBかを単純に聞くのではなく、ロジックで固めて最適な方法を明確にしたうえで、感情で決められなくしてから、判断をあおぐ形を取るのが正しい手順です。

序章 タイプ別女性社員の対処法

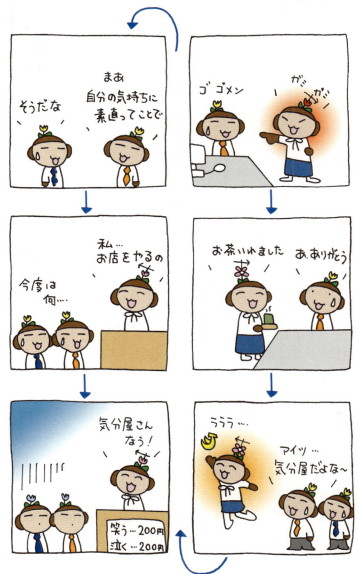

type 02
なぜかイライラしている女性①
～常に不機嫌な人への対処法～

　ちょっとしたことでイライラしたり、突然怒り出したりする女性がいます。男性にはなかなか理解できないかもしれませんが、女性には、実にたくさんのイライラする原因があります。

　常にイライラしている人は、自分の予測に思い込みを持っていがちです。「部下は指示通りに動くもの（べきである）」「この程度の仕事なら1時間程度でできるはず（べきである）」。混雑しているレジにイライラするのも「レジは並ばないもの」「店員は適切に商品をさばくもの」という思い込みがあるからです。予測と現実にギャップがあるとイライラしてしまいます。キャリア志向の女性は特に自分の中の判断基準が厳しく、まわりにも自分の考えを当てはめようとして、思い通りにならずにイライラすることがあります。

　本来なら、イライラの原因を明確にしてあげるだけで、怒りは穏やかになるはずです。また、思い込みを少し捨ててもらって「実はたいしたことではない」と理解を促すのも効果的と思えます。ところが女性にはなかなか通用しません。

　ひとつの原因がわかっても、また次のイライラの原因が気になってイライラしてしまいます。森だけではなく木にもこだわって反応するのが女性です。女性は常に細部に原因を見つけてイライラしてしまうのです。そんなときはまず「イライラに共感」するのがよい手。「大変だよな」「それ辛いな」などと、イライラしている女性を気づかいましょう。そして「こうしてあげるよ」と得意気に改善策を提示するのではなく、「こうすればいい？」「こうしようか？」と気にしていることを伝え、話を聞いてあげるといいでしょう。

序章 タイプ別女性社員の対処法

type 02

なぜかイライラしている女性②
〜体調で困っている女性への対処法〜

　定期的に女性がイライラしているなら、女性特有のホルモンの影響かもしれません。生理前には精神的に不安定になりやすく、体調が悪くなる女性もいます。症状には個人差があり、軽い人から重い人までさまざまです。原因はまだはっきりと解明されていませんが、プロゲステロンというホルモンの影響という説が有力です。その影響でつい感情的になってしまうことがあります。女性は本当にイライラすることで溢れているのです。

　定期的にイライラしているようだとわかったら、ホルモンのせいだと理解してあげて、そっとしておきましょう。この場合、共感は特に必要ありませんし、逆効果になることもあります。「あ〜、辛いのわかるよ」と言っても、「この辛さが男にわかるか！」と思われるかもしれません。心配だからといってしつこく「大丈夫？」と声をかけても逆効果になることがあります。できるだけそっとしておくのが無難で、かつ最善の対処法です。

　声をかけるべきなのか、それともかけないほうがいいのか？　その見分け方は「普段はそんなことで怒るような人ではないのに」「こんな小さなことで怒るとは」と感じたら、まずはそっとあたたかく見守ることにしましょう。女性のイライラに細かく反応しては、男として器の小ささが問われてしまいます。仕事を無理に振らないで、少しセーブしながら対応しましょう。基本は「放っておく」ことです。常にイライラしているように見える女性なら、そのイライラについてまずは共感してあげることで、体調が原因なのかそうでないのか、反応で見極めるのがいいと思います。

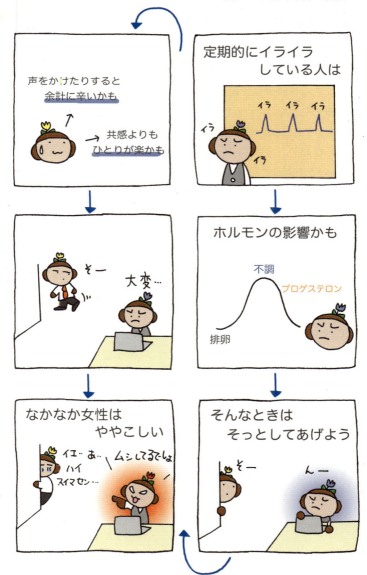

type 03
変化を受け入れられない頑固ウーマン
～防衛反応が強く失敗を恐れる人への対処法～

　女性社員の中には新しいもの、新しい手法を受け入れられず、従来のやり方にこだわろうとする人がいます。新しいやり方で指示をしても従わなかったり、隠れて今までの方法で続けたりします。そんな人が上司である場合、新しいやり方を提案しても「前例がない」と言われて、封じ込められてしまいます。

　新しいやり方を受け入れられないのは、損をしたくないと考える「損失回避」の気持ちが強い人です。損失回避は男性よりも女性に多く、年配の人たちも多く持つ心理傾向です。特に、言われたことを無難にこなす仕事をしていると、何かに挑戦してうまくいくことよりも、手堅くこなすほうが自分の評価や利益を守れるからです。

　このような人には、新しいことのメリットとデメリットを比較し、メリットを強く感じてもらわなくてはいけません。それも具体的な成功のビジョンと具体的なメリットが必要です。心理学上、損と同等のメリットでは足りず、2.5倍以上のメリットがないと、気持ちは動きません。しかも、「会社のメリットがこんなにある」ではなく、そのメリットが個人（その人）にどのように影響（具体的な利益）を与えるのかを説明しましょう。女性は自分の損得に敏感です。失敗しても個人のせいにならないように配慮します。損はしない、得をする変化であることを伝えていくべきです。個人の利益を得たい気持ちが強くても体裁が悪く受け入れられない人には、「個人の利益」を提示したあとに「会社のため」と目的をすり替えることも効果的でしょう。つまり、いい子に振る舞える逃げ道を用意しておくとよいのです。

序章　タイプ別女性社員の対処法

新しいやり方を受け入れられない人は

そんな人にはメリットを提示

失敗して損をしたくないと考える

より具体的なものがよい

損失回避の気持ちが強い人

損の2.5倍以上の価値を感じさせたい

type 04
何にでも言い訳をする正当化キャラ
～防衛機制、特に合理化に走る人への対処法～

　自分が間違いをしたときに反省せずに、言い訳をする人がいます。「でも」「でも」と何かのせいにして謝りません。エリート意識の強い人によく見られる傾向です。

　自分がした失敗を認められないのは、自分を保護しようとする心の表れです。たとえば、「遅刻したのは自分が早く起きなかったせいではなく、混雑で遅れていた電車のせい」と考えます。こうした心の動きは「防衛機制」と呼ばれています。自分の中の不快な感情から逃避したり、それを抑圧したりして、心を安定させようとする防衛反応のようなものです。中でも、自分を正当化する行為を「合理化」と言います。

　人として成長させるには、間違いを認めさせて反省させ、改善を促さなくてはいけません。しかし、合理化に走る人に自身のせいであることを強く指摘すると、余計に防衛反応が出るので注意が必要です。そこで、個人を批判・否定するのではなく、失敗を防ぐ方法を提示したり、失敗による影響を伝えたりするといいでしょう。さらに、期待を持っていると伝えることで、その期待にこたえようとする気持ちをのばしてあげるのです。たとえば「〇〇さんの遅刻でこんな影響が出る」「電車が遅れてもいいように、15分早く出れば間に合う（こうすると防げると思う）」「〇〇さんはそういう配慮のできる人、私は期待している」と伝えると、言われたほうも認めやすく、改善していこうという気持ちになります。また、相手に「では、どうしたらいい？」と改善案を考えさせるのも手。その改善策を自分で実行してもらうのです。

序章 タイプ別女性社員の対処法

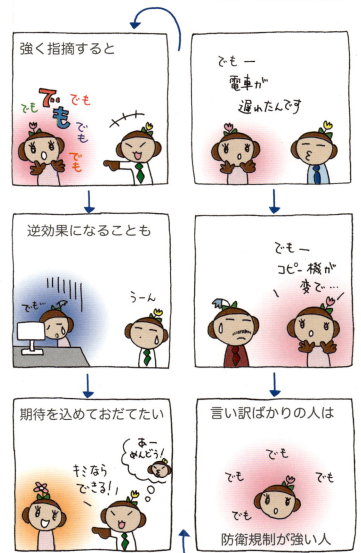

type 05

仕事を抱える真っ白なテンパリスト
～自己評価が甘い人、不安が強い人への対処法～

　気がつくと、仕事を抱えてテンパっている人がいます。混乱して非効率な行動を取り、ひどいときにはフリーズしてしまいます。なぜ、すぐにテンパってしまうのでしょうか？

　テンパるというのは、「雰囲気に流されやすく」「失敗に強い不安」を持っている人が陥りやすい状態です。仕事を頼まれると断れず、その結果、自分の首をしめてしまうのです。女性はその場の雰囲気に影響を受ける人が多く、自分の容量以上のものをつい受けてしまいがちです。また自己評価が甘く、「自分ではできると思って引き受けてしまったものの、実行してみたらできなかった」ということを繰り返す人もいます。突然、失敗に対しても過度に不安を感じるようになって自信を失い、緊張状態になって動きがとまってしまいます。

　そういう人に「失敗するな」と言って、追い込んではいけません。小さな自信を積みあげて、成功する自信をつけてもらうことが大事です。あなたが上司なら、仕事量を把握してコントロールしましょう。大きな仕事の前にテンパる人は、事前の準備ができていないことも考えられます。まずはAをやったらB、次にCと、段取りを組み立ててみせて、近い将来にはダンドリストになるよう育てなくてはいけません。また、情報を一時的に保存して、選択、操作するワーキングメモリー（頭の中の作業場のようなもの）が狭いことも考えられます。このメモリーが狭いと多重課題をこなせません。これは体調と大きく関係しているので、睡眠や食事などを気にしてあげることも必要です。

序章 タイプ別女性社員の対処法

type 06
何でもハイハイと答えるイエス女子
～嫌われたくない、モメたくない人への対処法～

　何でもハイハイと聞いてしまうイエス女子がいます。何でも言うことを聞いてはくれるものの、自分の意志表示がないため、何を考えているのか、大丈夫なのか、ダメなのかと、心配になってしまうこともあります。本当はノーなのにイエスと言っているのではないかと、疑いたくなることもあるでしょう。

　彼女たちの基本心理は、「相手から嫌われたくない」「評価を気にするあまり、反対意見を言えない」というものです。もし否定的な意見を言ったら嫌われてしまうかもしれない、自分の評価が下げられてしまうかもしれないと思うのです。

　人は否定的な意見を言った相手を、すぐに嫌うわけではありません。問題は「言い方」です。相手の人格を否定したり、相手の意見を軽んじたりといった、相手の利益を損なうような言い方が問題なのです。ですから「否定的な意見を言っても、嫌われたり、自分の損になることはない」ということを理解してもらうことです。むしろ自分の意見を言うほうが最終的には自分の価値が上がることをしっかり伝えるといいでしょう。

　ただ、相手がハイハイと答えるのは、あなたに問題があるのかもしれません。女性たちに対して威圧的な態度を取っていないか、意見を言える環境があるかどうか、イエス女子を求めていないか、振り返ってみましょう。「キミ、ダメだよ」という言い方をされると人格否定に聞こえ、本音を出しにくくなります。さらに、「イエスマンは嫌い」と言う人に限って、心の奥底でイエスマンを求めていることが多々あります。

序章　タイプ別女性社員の対処法

type 07

自分が大好きなナルシスト女性
～過度な自己愛に溺れる人への対処法～

　ナルシストは男性によく使われる言葉ですが、最近は女性にも多く見られます。ナルシストとは自分を愛してしまい、自己に陶酔する人のこと。過度の自己愛に浸る人は、少し扱いにくい存在です。自撮写真や料理写真をSNSにアップし、プライベートだけでなく、仕事でも他者からの視線や評価を過剰に気にしてしまいます。他者の好評価が心地よく、賞賛を受けたくて仕方ありません。

　ナルシスト女性は悪い評価をする他人を脅威に感じ、とても敏感に反応します。悪い評価をする人は遠ざけて話を聞かず、高い評価をしてくれる人とだけ付き合おうとします。この感覚は次第にエスカレートし、自分は特別であるという思いを強く持つようになります。上司の話を聞かなくなり、社内でも派閥を作り始め、取り扱いが困難になってきます。

　ナルシスト女性との最適な接し方は、基本、向き合わないことです。ややこしい相手なので、接触しなくていいならば距離を置くか、軽くかわすのがいいでしょう。接触するべき理由があるなら、「○○さんなら能力が高いからできるはず」と期待感を見せ、少し難しく、その状況に酔えるような仕事を振るのも手です。上司や先輩がナルシストなら、「誰もしないんですが、△△っていう仕事って知っていますか？　○○さんならうまくできると思うんですよね」といった言葉で、自ら果敢に挑戦してくれることもあります。大変であっても彼女のステータスを上げられる環境、自慢できるシチュエーションを提示し、うまくのせましょう。

type 08
不平爆発！わがまま利己主義女帝
～自分の損得を気にし過ぎる人への対処法～

　仕事に対して不平不満ばかりを言う人がいます。誰かと比較して自分が得だ損だと敏感に反応し、損だと思うと文句を言い出します。ところがそういう人は共感能力に乏しい面があって、仲間が困っているときに助けようとしません。仕事を頼まれると文句を言い、残業がある仲間を置いて1人で先に帰ります。

　彼女たちの根底にあるのは、損をしたくないと考える損失回避の心理です。また相手のことが理解できないのは、共感能力が乏しく、神経伝達物質のセロトニンが欠乏しているからかもしれません。セロトニンが欠乏している人は相手に共感できないだけでなく、気持ちを切り替える能力が弱く、心が不安定になり、マイナス思考に陥ったり、ものごとを悪い面から考えてしまいます。

　利己主義の相手を力でおさえても、解決にはなりません。相手の不満は心の中にたまるばかりです。丁寧に優しく接しても、利己的な性格を変えるには時間がかかります。

　ただし、セロトニンを増やす方法ならいくつかあります。ひとつは感情を豊かに表現することです。仕事だけでなく、個の喜びをチーム全体で喜ぶことで脳が活性化します。作り笑いでもいいのです。それだけでもセロトニンの分泌は増えていきます。リズム運動も効果的で、単純に見える作業をお願いしてみるのも手。もうひとつ、報酬を先に与えてしまう手もあります。ボーナスを先にあげてしまい、チーム全体で結果が出ないと返還させる約束を取りつけるのです。一度得たものを返すのは、とても損をした気持ちになるものです。損失回避の心理が人一倍強い彼女にも、チームで協力して結果を出したいという気持ちが芽生えるはずです。

序章 タイプ別女性社員の対処法

type 09
細かいことをずっと根に持つ固執キャラ
～嫌な記憶が定着しやすい人への対処法～

　電話の取り方を注意された、あいさつが悪いと指摘された…。

　何か嫌なことをちょっとでも聞いたりされたりすると、その言葉や出来事に固執し、「馬鹿にされた」「自分のことを軽く扱って、気分悪い」などとその感情をずっと持ち続ける人がいます。男性から見ると、たいしたことではないと思っても、ずっと忘れないで根に持つので、対応に困ってしまいます。

　嫌なことをいつまでもずっと根に持っている人は、嫌な感情の記憶が定着しやすい人と言えるでしょう。ひどいケースでは、言われたことをメモに取って、相手を自分の怒りの対象にし、自分の苦痛を和らげようと考える人もいます。被害者意識が強く、自分を正当化する傾向も合わせ持つことが多いです。放っておくとエスカレートして、さらに敏感になっていく悪循環が起こりやすくなります。嫌な記憶が増加していくと、痛みに鈍感になるのではなく、細かい嫌なことにも過敏になってしまうのが脳の仕組みです。また、嫌な記憶が生まれる根底に、必要以上に「よく見られたい（悪く見られたくない）」という思いがある場合、注意されるだけで、注意した相手に敵意を向けてくることもあります。

　そんなタイプの相手に「細かいことを気にするな」「いちいち根に持つな」と言っても効果は薄いでしょう。記憶は強い感情と結びつくと、長期記憶として保管されてしまいます。ささいなことで怒られたのを「馬鹿にされた」と思い込まないよう、「細かいことまで、自分のことを気にかけて注意してくれる」というように、ポジティブな情報を与えて、記憶を上書きしてあげるのがいいのです。

序章　タイプ別女性社員の対処法

type 10
相手にも完璧を求める完璧主義者
~強迫性人格の要素がある人への対処法~

　仕事の細部にまで強いこだわりを持ち、完全に対応しないと気が済まない完璧主義の人がいます。この人々は2タイプいて、ひとつは、自分にも厳しくて相手にも同じように厳しく接する人。もうひとつのタイプは、自分には甘いのに、相手にとても厳しく要求する人です。

　自分にも厳しい人は、ルールに強くこだわり、完全無欠でないと価値がないような錯覚を持ちやすい、完璧主義者です。この状態がひどくなると「強迫性人格（パーソナリティ）障害」という病気になってしまいかねません。こうした感情を持つ原因は、セロトニンなどの脳内物質のバランス異常とも言われます。また過去の心理的な要因が強いと考えられ、中でも劣等感が強く関係していることがあります。弱い自分を隠すために完璧にこだわり、完璧なものを作りあげないと不安になってしまいます。

　自分に甘く、他人に厳しい人は、完璧主義というより、非常に強い損失回避性を持っています。他人の影響で自分が少しでも損をしたくないという器の小ささが見てとれます。「完璧にやれ」と非常に強い攻撃をしてくるのはそのためです。

　彼女たちが考える成功はとても範囲が狭いことが多く、そのため余計に自らの首をしめていることがあります。こうした人には、成功の定義を広げてあげるのが効果的です。よく見ると得ているものはたくさんあるのです。「〇〇はダメだったけど、△△は得られた」「そこまでしなくても、△△は得られる」と成功イメージを自覚、体感させるといいでしょう。価値観を変えるのは容易ではありませんが、時間をかけ、繰り返し体感させましょう。

序章 タイプ別女性社員の対処法

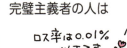

相手を拒絶しないで、内面を探ろう
～言動の原理を知ることが近道～

　気分屋さんだったり、頑固だったり、正当化したがったり、いろいろなタイプの女性がいます。もちろん男性にも、すぐに怒る人、自慢ばかりしている人、無責任な人がいます。「そんな人はダメだ」と相手を否定し拒絶するのは簡単ですが、それは双方にとって良策ではありません。

　理解できない相手の行動や言動がどこから来ているのか、そのメカニズムを知り、相手が何を大事にしているのかを知ることが重要なのです。その言動の原理を知ることで、対応策が見えてきます。ときには相手をうまく使い、ときにはうまく使ってもらうことで、性別の枠を越えて心地よいコミュニケーションが成立します。まずは相手を理解することから始めましょう。

　何が違うのかを知ったら、どう女性と向き合って、どんな会話を心がけ、どう動かしていくかを押さえていきます。次の1章では「女性と男性は何が違うのか？」にスポットを当てて、会話や仕事、価値観に関する違いを解説しています。2章では「女性とうまく接する土台作り」として、具体的な身だしなみなど外見の整え方、表情、言葉遣いをコンパクトに説明しています。3章からはより実践的に「女性とうまく向き合う会話術」を解説。女性と話すときの注意点、仕事に集中してもらうためのポイントを探ります。会話を軽く見ている方も多いのですが、話し方次第で女性を不幸のどん底にも突き落としてしまいますし、やり取りを楽しく感じてもらいながら、協力体制を築くこともできます。最後の4章では「心から女性社員を動かすテクニック」として、さらに踏み込んだ女性との付き合い方を解説しています。

1章

女性と男性は何が違うのか？

　女性のことを詳しく知ることは、良好な関係を作るのに役立ちます。ここでは会話のとらえ方、仕事の価値観などを通して、女性と男性は何が違うのかを検証し、最適な接し方を考えていきたいと思います。

男性脳と女性脳①
~男女の違いはどこから来るのか?~

　男性と女性は違います。
「男性はどうしてあんなことをするのか」
「女性が考えていることがわからない」
　男女間では、さまざまなすれ違いが起きます。男性と女性はその外見だけでなく、ものの考え方や組み立て方、価値観も大きく異なります。男性の脳と女性の脳は大きく違うからです。その違いを理解しようとせずに相手を批判しても、よりよいコミュニケーションは生まれません。まずは男性と女性の「何が違うのか?」を知り、お互いを少しずつでも理解し合い、会話や行動に気を配ることで、うまく接していけるはずです。

　では、まず男女で何が違うかを見ていきましょう。男性の脳と女性の脳でよく知られた違いは「重さ」です。男性と女性の体格差を補正し、同じ比率で比較すると、男性の脳のほうが約100グラム重いのです。ただし、この重さは知能の高さとは関係ありません。単純に「重い」という事実だけです。部位ごとにある神経細胞の数や細胞同士のネットワークにも差があります。男性と女性では脳の使い方が違っているのです。

　人間の右脳と左脳は役割が少し違います。右脳と左脳の研究はまだまだ途上で、現段階では「論理的な思考は左脳の役割が大きく、感覚的なものは右脳の役割が大きい」傾向があることがわかっています。そして脳には、右脳と左脳をつなぐ「脳梁」という部分があります。女性はこの脳梁が男性よりも太く、そのために情報が右脳と左脳を行き来しやすいという特徴があります。

1章　女性と男性は何が違うのか?

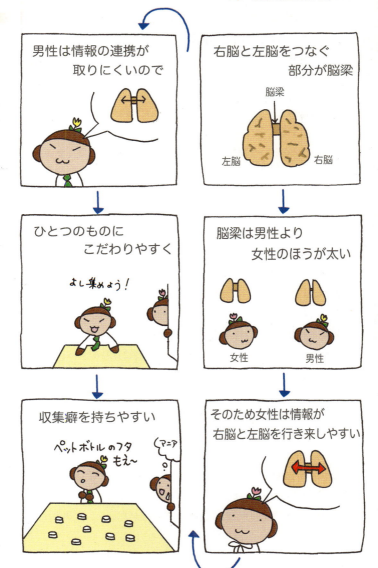

男性脳と女性脳②
～言葉や記憶に関する脳の働き～

　もうひとつ男性脳と女性脳の違いでおもしろいのは「言葉」の違いです。子育てを経験したことがある人の間では、よく言われていることですが、「女の子のほうが男の子よりも、早く話し始めて、よくしゃべる」という話です。この差は大人になるとなくなってしまいますが、「一般的に、女性はよくしゃべる」と思っている男性は少なくないでしょう。こうした差は言葉に関係する脳の神経細胞の密度が違うからと考えている研究者もいます。脳の中で会話や文章の意味を理解する部位の神経細胞の密度を調べると、女性のほうが12％も高いというデータもあります。

　男性は言語中枢がある脳（多くの場合は左脳）を使って会話をします。しかし、女性は脳梁が男性よりも太く、会話中は左脳だけでなく脳全体を使っています。そのため、理論立ててまとめた話にとどまらず、途中で関係ない話を切り出したり、より感情的になったりしやすいのです。ただ、感情的になりやすいシステムを持っているというだけで、女性のほうが「感情的に話す」と決めつけるのは少し乱暴かもしれません。

　また、女性と男性では記憶力についても差があるという考えがあります。実際、大事な記念日を忘れてしまう男性は多くいます。記憶が結びつきやすい女性のほうが長期の記憶を得意とする、記憶にかかわる海馬という部位が女性のほうが大きいことが関係している、と考えている研究者もいます。記憶は言葉と密接に関係しているので、言語力がある女性は記憶力が高いという考え方もあります。

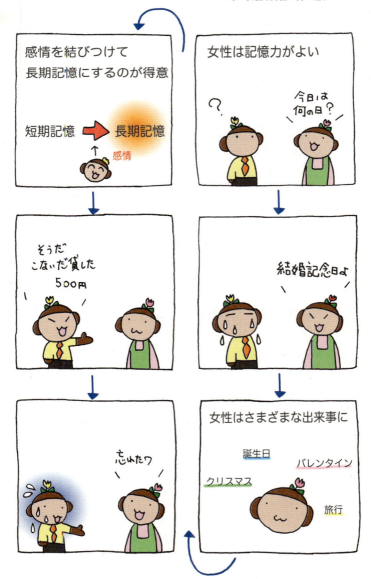

会話のとらえ方、使い方の違い①
~男性は会話を「情報」だと思っている~

　男性と女性のすれ違いは決まって「会話」から始まります。「会話」は情報を伝えるためのツールであり、自分の意志を伝えるもっとも手軽で有効なコミュニケーションのひとつです。ところが男女には「会話」に対する認識に大きな違いがあるのです。

　たとえば、こんなシチュエーションを想像してみてください。あなたの部署の女性社員が、あなたに相談をしてきました。
「聞いてください。給湯室にあるゴミ箱に、誰かがゴミを分別しないで捨てているんですよ」
　その責任や後始末が自分にまわってくるとか、その女性社員に気があるとかなら別ですが、多くの男性は「そんなことどうでもいいじゃないか」と思って、適当に相づちを打って聞き流すでしょう。それはなぜでしょうか？　この会話には、その男性にとって有益な情報がないからです。誰かがゴミを分別していようがいまいが、自分には関係ないと考えます。ちなみに同じような相談でも、聞き手の男性に被害が及ぶ可能性があるという情報が含まれていたら、「大変だ」とすぐに対応することでしょう。

　男性は会話の中身を「情報」のひとつと思っていて、その内容が有益か、自分と関係があるかという部分に興味を持ちます。ところが女性は、会話を中身にかかわらず「コミュニケーション」のひとつと考えているので、会話そのものに価値を感じています。自分の思っていることを聞いてほしいのです。

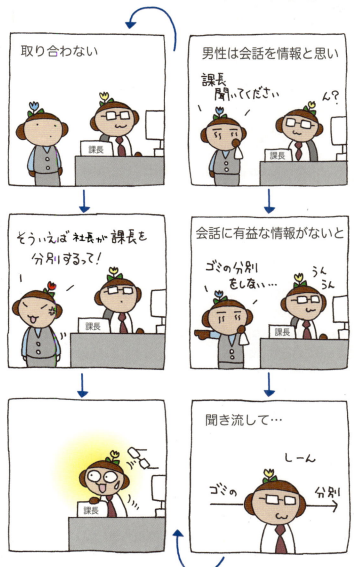

会話のとらえ方、使い方の違い②
~女性の会話は「コミュニケーション」~

　女性にとって会話はコミュニケーションですから、まずは「聞いてほしい」という気持ちが強いのですが、男性はその会話に有益な情報がないと耳を傾けません。

　こうした認識の違いが生じるのには、やはり脳梁の太さが関係しているのです。女性の脳梁は太く、左右の脳で情報交換がおこなわれやすくなっています。女性は左右の脳を広く使う一方で、男性は言語中枢のある側の脳（左脳）をよく使います。女性は会話しながら、さまざまな情報を使っているのに対し、男性は論理的に話を組み立てて会話をしようとします。そのため女性の話は広がりがちであり、情報の有益性を意識しない会話もします。
　一方、男性にとって会話の価値は有益な情報か否かで決まり、会話をすること聞くことに意味がないと、興味を持てません。意味がないと感じる会話には、イラッとすることもあります。しかし、女性にとってはコミュニケーションのひとつですから、内容にかかわらず反応してもらいたいのです。

　つまり「誰かがゴミを分別しないで捨てているんですよ」と言われたら、「どうでもいいことだ」と考えてはいけません。心なく「ふーん」「それは困ったね」と口先で言っても、女性は共感してもらえたと思わず、不満が残るだけです。女性社員とうまくやっていきたいと思うなら、自分の問題としてとらえましょう。相手の気持ちを理解していることを表現し、真剣に耳を傾けてあげることが大事なのです。

会話のとらえ方、使い方の違い③
～話を続けたい女性、会話をやめる男性～

　女性は友人たちとする気ままな「おしゃべり」が好きです。一方、男性は部下や人前でする「講演」が好きです。女性は友人と共感して癒され、快楽を得ます。男性は価値のある話をして、相手から尊敬されることに快楽を感じます。本人は価値があるつもりで話していますが、実際はあまりためにならず、おもしろくもなく、そして長くなるのが特徴です。それでも男性にとって会話は、価値ある情報でなくてはいけませんから、論理や数字を使って話を組み立てようとします。ところが男性は右脳と左脳の連携が弱いため、自分の感情をうまく言葉にするのが不得意です。ビジネスシーンでの話はうまくできても、プライベートではなかなかそうはいきません。仕事では雄弁に語れる男性社員も、妻や恋人の前で言葉数が少ないのは、そうした違いによるものです。うまく説明できない男性は、女性とケンカすると怒って会話を中断してしまう傾向があります。そんなとき、女性は「ちゃんと説明してほしい」と思っているのです。男性は、仕事では論理的に説明できるのに、プライベートでは感情をうまく説明できないという矛盾を抱えているのです。

　プライベートでもビジネスでも、男性は女性に反論されると、最初は筋道を立てて反論し返し、それがうまくいかないと相手を見下すようになります。相手を「話す価値のない人」と見下すことで、自分が価値ある存在だと思い込むのです。見下せない場合には、会話をやめてその場を去ってしまいます。男性はそのシステムを理解して、会話をやめたりせずに、しっかりと女性の感情と向き合いたいものです。

1章 女性と男性は何が違うのか？

女性とケンカをすると	男性は講演が好き
相手を見下して逃避行動に出る すぐに逃げる…　フン	尊敬されると思うと強い快楽を感じる きっと オレ 尊敬されている
逃げずに女性と向き合おう 相手を強引に下に見る → 自分の存在を上げる	ところが感情を言葉にするのが苦手 ちゃんと話して　なんて言おう

仕事に対する意識、価値観の違い①
〜男性は相手と「競争」しようとする〜

　女性社員と会話していくうえで、男性社員が陥りやすいミスはまだあります。

　たとえばある新人の女性社員が、「この資料、徹夜して作りました」と言ったとします。すると上司や先輩社員は、「オレが若いころは、2日も3日も寝ないでやったぞ」と女性社員の努力を切り捨てるかのように、自慢話を始めます。たしかに男女に関係なく、新人には、仕事を甘くとらえる傾向があります。甘い認識を変えてもらうために、成長を期待しての厳しい発言もときには必要でしょう。

　ですが、その男性社員の感情は、どこから来ているのでしょう？ 本当に新人社員のためを思っての発言でしょうか？

　多くの場合、男性は相手と競争して勝とうとする心理を強く持っています。相手が男性だとより強く出ますが、その競争心は女性にまで向けられることもあります。なぜならば、女性ならば競争しても自分が勝ちやすく優位な感情を持てるからです。

　こうした自己満足の競争心を女性は簡単に見抜きます。「それは大変だったな」という一言を付け加えてから、さらに上を目指して努力することを推奨すべきです。

　仕事が大変だった自慢、寝ていない自慢、不健康自慢などをしてはいけません。部下である社員に競争心を抱く器の小ささを見せるだけです。「相手から賞賛されることで、価値ある人間と思われたい」という心理が働いてしまいますが、仕事ができるみなさんならそんな小さな評価は必要ないはずです。大人の対応を心がけましょう。無意識にしている人が多いので注意してください。

1章 女性と男性は何が違うのか？

仕事に対する意識、価値観の違い②
～男性は「勝ち」を、女性は「価値」を求める～

　男性は強い競争本能を持っています。仕事でも名前の通った会社で働こうとし、出世や高い年収を目指して努力します。人からうらやましがられることで強い満足感を得ます。特に同じ社内、部署で自分はどう評価されているかが、非常に気になるのです。別な業種の別の会社で働く人の給料よりも、自社の同僚の給料のほうが気になるのはそのためです。縦社会で生きているため、端的に言うと男性は仕事で同僚よりも「勝ち」を得ようとし、ライバル会社をプレゼンで負かすことに強い優越感を持つのです。

　一方、女性は仕事そのものの楽しさや職場の雰囲気、心地よい人間関係、人から求められている感覚などを大事にする傾向があります。競い合って、人を蹴落としてまで出世をしたいと考える女性は男性と比較して少ないのです。女性は仕事の内容を重要視する傾向があり、仕事を通して「価値」を得ようとします。価値ある仕事に満足感を得やすいのです。

　そのため女性社員のモチベーションを上げて仕事をうまくまわすのに、「評価を上げる」というニンジンは男性ほど効果がありません。「評価」よりは実利である「給料」、実利よりも「よりよい環境」といった具体的な「価値」を出していくほうがいいでしょう。また「やりがい」を大事にしている女性も多くいます。仕事を通して自分が何かに貢献できている、この仕事は他人ではなく自分にしかできないという気持ちを刺激することも大事です。「○○さんのおかげで職場の環境がいい」「この仕事、○○さんにお願いしてよかった」といった言葉は、多くの女性の心を動かします。

1章 女性と男性は何が違うのか？

仕事に対する意識、価値観の違い③
~男性は「名声」、女性は「安定」を求める~

　男性でも女性でも大企業で働きたいという気持ちは同じです。でもその理由が少し異なります。男性は大企業で働いているという「名声」や「誇り」が自己満足につながり、強い快楽を生みます。もちろん女性にも「名声」を求める心理はありますが、それ以上に給料や福利厚生が手厚く、それがずっと続くであろう「安心感」「安定」を求める傾向があるのです。女性が「安定」を求める理由には、人類の進化が関係していると考えられています。私たちの祖先は二足歩行を始めると骨盤が変形し、頭が大きく育った子どもの出産が困難になってきました。そのため胎児の脳があまり巨大になる前に出産するようになり、人類は未熟な状態で子どもを産むようになったのです。未熟な赤ちゃんを育てるのには時間と手間がかかり、移動させるために母親は抱っこをしなくてはなりません。この負担を乗り切るために到達したのが、異性をパートナーとするシステムです。女性は特定のパートナーが安全や食料を確保してくれることを望んだのです。そして女性も働く社会になった今、パートナーの代用として、安全と食料を得られる安定した働き口が必要になってきたのです。

　女性にとってずっと働けるという安心感はモチベーションにつながりやすく、企業の都合で簡単に解雇されるかもしれないと思うと、不安感を持ちます。出産後のキャリアも保証されている、そんなステージがあると女性は強い安心感を持ちます。女性を仕事のパートナーとして認め、必要としてあげること、ずっと働いてほしい気持ちが伝わるようにすることが大事です。

1章 女性と男性は何が違うのか?

仕事に対する意識、価値観の違い④
~男性は「機能」、女性は「見た目」を求める~

　男性と女性の違いを感じたいなら、机の上を見るといいでしょう。男性の机は整理整頓がされておらず、散らかっていることがあります。男性は資料やノート、書籍などを手の届くところに置いて機能的に仕事をしようとします。机の中へ片づけてまた出すことを面倒と感じます。一方、女性は「まわりの人がどう見ているか?」という見た目をとても気にします。机が「女性なのに散らかっているね」という噂を立てられることをとても嫌います。男性は機能重視、女性は見た目（どう見られているか）を優先するのです。その証拠に、女性のパソコンのデスクトップをのぞいてみると、案外散らかっていたり、机の後ろでコードが絡まったりしていて、人から見えないところは必ずしも美しいとは限りません。

　巷では「デキる人は机がきれい」のような話を聞くこともあります。たしかにきれいな机では集中力が高まり、不要なものをどんどん捨てることで決断力がつくと想像できます。しかし散らかっている机が悪いとは言えないようです。アインシュタイン、スティーブ・ジョブズ、マーク・ザッカーバーグの机も散らかっていました。ミネソタ大学のキャスリーン・ボッシュ教授の研究によると、散らかった机を使う人は創造的であり、積極的にリスクを取る傾向があるといいます。人は雑多なものに囲まれていたほうが独創的な思考が促され、刺激を受けて斬新なアイデアが生まれるそうです。逆に整理された机を使う人は、新しいことへの挑戦やリスクを回避する傾向があるとのこと。損失回避の傾向が強い女性のほうが、きれいなデスクを好む理由が垣間見えます。

得意な思考回路の違い①
~男性は「仕組み」、女性は「気持ち」から~

　男性と女性では得意な思考回路も異なります。男性は給湯室にある瞬間湯沸かし器を見て、「どんな仕組みになっているのだろう？」と論理的に仕組みを考えるのが好きです。仕事でもプレゼンを通すために、ロジックから攻めて、市場の背景はこうだから、こうしたものが求められるはずで、だからコンセプトはこうしようと考えます。男性はメカニズム、法則、システムを理解するのが得意なのです。

　一方、女性は複雑なシステムをとらえ、論理的にものを考えるのが苦手です。女性が得意にしているのは「相手が何を考えているのか、どうしたいのか」を知ることです。人の気持ちの変化を察知し、理解する能力に長けています。給湯室にある瞬間湯沸かし器を見たら、「どう使ったら、誰が喜んでくれるだろう」と考えます。瞬間湯沸かし器の仕組みを考える女性は多くありません。プレゼンだと、「こうしたコンセプトならクライアントは喜んでくれるはず、共感を得られるはず」と考える傾向があります。

　端的に言ってしまうと、男性はモノの「仕組み」を理解するのが得意です。女性は人の「気持ち」を理解するのが得意なのです。女性に他人の気持ちがよくわかるのは、男性よりも、表情や態度から相手の考えを察知する能力があるからです。伝えるつもりがない考えも、女性には伝わっていることがあると、男性はもっと意識すべきです。声や表情、態度、姿勢などのコミュニケーションはノンバーバル・コミュニケーションと呼ばれています。これもコミュニケーションのひとつと認識しましょう。

1章 女性と男性は何が違うのか?

女性は相手の気持ちを 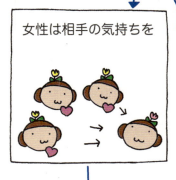	男性と女性では得意な思考回路も異なる 男性　　　女性
察知することが 	男性は仕組みを考えることが
得意である 	得意である 

得意な思考回路の違い②
~男性は問題を「解決」しようとする~

　思考回路の違いを知るために、序章の男女の会話（p.10参照）をもう一度振り返ります。女性社員が仕事のやり方に不満を持ち、男性が改善策を伝えたところ、とりあえず礼を言われたものの、女性の反応はどこか不自然、女性は解決策よりも「共感」を求めていたという話です。必要なのは「○○したほうがいいよ」ではなく、「大変だったね」という一言でした。男女の差を語るうえで、この感覚がどうしても男性には理解できないのです。

　男性の脳は結論に到達したり、問題解決の手法を見つけることに快楽を感じやすくできています。そして、優越感を持って女性と接しようとします。男性がすぐに解決策を提案してくると、女性は自分のことを理解してもらえないと感じ、不満を持ったり、ときには裏切られたと思うこともあるのです。誤解を恐れずに言うなら、「女性の悩みは解決しないでいい」という側面もあることを覚えておくといいでしょう。解決よりも先に「共感」することで女性は「理解してもらえた」と感じるのです。解決策が必要かどうかはその次のステップです。意外と解決策は女性の中にあって、それを承認してほしいのだというケースも多くあります。

　特に自分がデキると思われたい上司は、時間をかけないで的確な判断を出すのを美学とすることがあります。すぐに解決策を提示するのではなく、女性社員には先に「大変だったね」という一言をかけたいものです。そこから次のステップが始まります。

1章 女性と男性は何が違うのか？

得意な思考回路の違い③
～共感と解決策の提示を使い分ける～

　男性は問題を「すぐに解決」しようとしますが、女性は「先に共感」してほしいと思っています。これが「問題」に対応する手順の基本であることは間違いないのですが、「男性の全員が結論を出すことを優先していて、女性はみんな共感してほしいと思っている」と決めつけるのはよくありません。

　共感を求める男性社員はいないのか？　的確でスピーディなアドバイスを求める女性はいないのか？

　もちろん男性でも愚痴をこぼして共感を求める人がいますし、女性だって解決策をすぐに求める人はいます。

　男女に関係なく、愚痴をこぼしている相手に、正論や改善策を提示しても意味がありません。逆に、緊急に対処してほしい相手にいつまでも共感していても仕方ありません。男女差の傾向を知っておくだけでなく、会話のミスマッチという本質も理解したいところです。そのうえで、男性には解決策まで早めに踏み込んであげるほうがいいことが多く、女性には「共感」を置き去りにして早々に「解決策」を提示すべきではないという結論にたどり着くのです。

　人は何でも型にはめ込んで理解したつもりになるのが大好きなのです。それではときに、本質を見失うことがあります。残念ながら人はそんな簡単な生きものではありません。男女差の傾向を知って、うまくコミュニケーションに活用するのが大事で、男性と女性という分類をすることが目的ではないはずです。

1章 女性と男性は何が違うのか？

認知能力にも違いがある①
〜女性は地図が読めないのか？〜

　男性と女性では認知能力の違いもあります。一般的には、物体を空間でとらえて三次元の位置関係を把握する空間認識力は、男性のほうが優れていると言われています。たとえば引っ越しの際、「棚や机をどのようにすれば、部屋の入り口から出せるのか」などを考えるのは男性のほうが得意なようです。

　また地図の見方についても、男女差が存在します。男性は方角を常に把握するのが得意で、地図を見て北がどちらの方向かがわかると、その北のラインを見失うことなく、常に基準として持つことができるといいます。東西南北が記載された地図を持つと、頭の中で地図を回転し、自分がどの方向に進むべきかを把握できるのです。ところが女性は、頭の中に方角の基準を持つことを苦手としており、地図を回転させるようなことをすると、迷子になってしまいやすいのです。

　一方、目印が描かれた略式の地図で、銀行のある角を右に曲がり、次にコンビニを左手に見ながら進むといったことがわかると、女性は迷わずに目的地に着きやすいでしょう。女性は目に見えるものを基準に進むことを得意としています。ところが男性は女性よりも、現地の目印を見逃し、女性よりも目的地に到達しにくいことがあります。「女性は地図が読めない」とよく言われますが、そういう単純な話ではないのです。

　つまり男性を案内する場合には、方向を意識して具体的に「100メートル先を右」といった指示のほうがよく、女性には「次の銀行を右に」と指示するのがよいと言えます。

1章 女性と男性は何が違うのか?

目印の入った略図があると迷いにくい 	目的地までの地図が必要な場合 
男性に必要な情報は ・東西南北の方角 ・距離がわかるもの	男性なら方角のついた精密な地図がよく 
女性に必要な情報は  ・目印となるもの (店名、看板、イケメン店員など)	女性ならば 

認知能力にも違いがある②
~男性と女性では色に対する反応が違う~

　色に関する反応にも男女差があります。ものを見て判断するときに「色に影響を受けやすい人」と「形に影響を受けやすい人」がいます。ポーポー・ポロダクションが実験をしてその傾向を探る中で、ひとつ顕著な結果として現れたのが、女性は男性よりも色に反応しやすいということでした。

　中でも、女性は赤に目が行く傾向があります。実際に色を認知する別の試験でも、女性は赤系の色に対する正解率が他の色よりも高かったという結果が出ています。女性は赤系の色に敏感なのです。スーパーなどが注力商品の値段を赤で書くことは、この認知傾向をうまく使った例と言えるでしょう。

　女性が赤に反応する理由は、先天的なものと後天的なものがあると考えられます。先天的なものは、人類が霊長類から進化する過程で、男性は狩猟、女性は果実などを採集する生活に適応し、果実が熟していることを示す赤みに敏感になったという説です。そのため女性は赤やピンクなどに反応しやすいのです。もうひとつは後天的に、女性は小さいころから赤やピンクのものを与えられがちで、常に身近にある色として、その色を見極める能力が発達し、赤やピンクに敏感になっているというもの。このふたつの効果が混ざって、女性は赤に反応しやすいと考えられます。

　こうした効果を応用して、オフィスでは女性に注視してほしい資料の箇所に赤い線を引く、文字を赤くするといった色分けをすると、強く反応してもらえます。案内やポスターなどでも、女性向けに赤を使うと効果的に働くと推測されます。

1章 女性と男性は何が違うのか？

恋愛に対する考え方の違い①
～男性社員はなぜセクハラをするのか？～

　男性社員はなぜセクハラをするのか？　それは、男の正体はスケベであり、女性に触りたくなるから。たしかにそれは間違いではありませんが、恋愛に関する男性と女性のメカニズムの違いを知れば、もう少し冷静に見えてくるものがあります。

　たとえば、コンビニで店員さんがお釣りを渡すとき、落とさないようにそっと手を添えてくれることがあります。美しい女性店員さんの添えた手が、ちょっと自分の手に触れてしまったときにドキッとして、好意を持ってしまったことはないでしょうか？　特に男性は、相手に触れることで相手に対する感情を変化させやすいのです。

　ある心理学の実験で、映画館と動物園で並んでいるカップルを対象に、男女のどちらが先に相手に触れるか調査をおこないました。するとお互いの関係によって、身体接触の傾向が異なることがわかりました。気軽なデートをしている男女は、男性から女性に触れているケースが多く、恋人同士では男性からと女性からが同数、夫婦同士になると女性から男性に接触するケースが多かったのです。男性は親密度を増そうと接触を試みますが、女性は親密度が増したあとに接触しようとするのです。

　男性社員たちは女性社員に触ることで、より親密になろうとします。特に上司は力関係が上なので、親密になることを正当化して、触りたいという欲望に走りがちです。ところが女性にはそういう感覚がないので、好きでもない相手から触れられることを、極めて不快に感じるのです。男性社員はこの仕組みをしっかりと知って注意したほうがいいでしょう。

1章 女性と男性は何が違うのか?

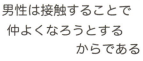
男性は接触することで仲よくなろうとするからである

だから店員さんと手が接触するだけで

恋に落ちるという単純なサガを男性は持つ

男性がセクハラするのは

男がスケベであるからだけではない

女性は仲よくなってから相手と接触したくなるが

恋愛に対する考え方の違い②
~身体的な接近にある温度差~

　男性がセクハラに走ってしまうメカニズムを、もうひとつ別の角度から見てみます。みなさんは「ひとめぼれ」を経験したことがありますか？　ポーポー・ポロダクションがおこなった調査によると、「ひとめぼれ」の経験者は55％、中でも男性は61％の人が経験しており、女性よりも多いという結果が出ました。アメリカでおこなわれた別の調査でも性差があり、男性のほうが「ひとめぼれ」の経験が多かったといいます。

　「ひとめぼれ」で重要視されるものにも性差があり、男性は相手のルックスをとても重要視していることがわかりました。そしてそれは、「顔の美しさ」だけではないのです。男性は無意識に女性の身体的な部位を見て、子育てに適している相手かどうかを見極めようとしていることがわかっています。そして相手との性的な関係を想像して、すぐに相手に触れてより親密になろうとしてしまうのです。そこに男性がセクハラに走りやすい心理があります。

　ここで考えなくてはいけないのは、女性にはそうした感覚がないことです。女性はむしろ信頼できる相手と良好な関係になってから、初めて身体的な接触をしたくなるのです。髪型や口紅の変化などは親しい相手には触れられたい内容ですが、会社において男性社員から指摘されると不快に感じるケースもあります。

　女性も視覚的に男性を選んでいると思われがちですが、女性は恋人選びに「嗅覚」も使っていることがわかっています。これは表層意識で「体臭」「清潔さ」を判断するだけでなく、自分と離れた免疫の型（ヒト白血球型抗原）を知ろうとしているといいます。

1章 女性と男性は何が違うのか?

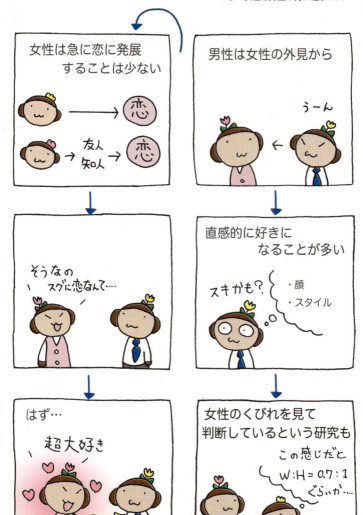

恋愛に対する考え方の違い③
~女性は仕事をする男性に恋をする~

　前項で、男性は恋愛対象として女性を外見から選ぶ傾向があると説明しました。容姿から恋が始まるケースは女性よりも男性のほうが多く、男性は女性の顔やスタイルといった外見に強く惹かれます。一方女性は、男性の仕事ぶりや社会的地位に惹かれることがあります。男性の才能や立場に好意を抱く人も少なくありません。収入の多い男性、仕事ができる男性と付き合えば、間接的に自分のステータスが上がります。また収入の多い男性は、女性にとってもっとも大事な「安心感」を与えてくれるからです。

　ちなみに高収入で資産を持つ男性を好むのは、人間だけではありません。ニワシドリという鳥のオスは、巣の周辺にメスの気を引くために立派な庭園を作り、貝や羽根で装飾品を陳列します。業績がよい会社で社内恋愛が多いのは、男性の年収を女性が容易に想像でき、それが安心感につながりやすいことも大きな要因のひとつになっています。

　また仕事に熱中する男性は強く、魅力的に見えます。「辛く大変な仕事を続けている男性はタフで信頼できる」という印象を持ちやすいのです。こうした男性は自分にも経済的な安心感を与えてくれるだろうと、期待もします。多くの場合、こうした連想は表層意識の下でおこなわれることが多く、仕事に熱中している男性を見ると、なんとなく惹かれるという状態を生むのです。

　女性に「ワル自慢」をしようとする男性もいますが、原理としては逆効果で、勤勉でまじめであることを自然にアピールするほうが好感を持たれやすいのです。

1章 女性と男性は何が違うのか?

恋愛に対する考え方の違い④
～赤を着た女性を評価する男性～

　女性は赤に反応しやすいという話をしましたが、男性も赤に対しておもしろい反応を見せます。2008年、アメリカのロチェスター大学のアンドリュー・エリオット教授らがある研究結果を発表しました。それは「赤い服を着た女性は、男性の目に魅力的に映る」というものです。教授は赤や青などのフレームに入った女性の写真と、赤や青のシャツを着た女性の写真を男性に見せて、写真の女性がどのくらい魅力的だと思うかを調査しました。その結果、赤いフレームや赤いシャツの女性のほうが、ほかの色よりも魅力的であると評価されたのです。赤の背景があると、他の色に比べて2割ほど魅力が高まったといいます。ただ、女性が女性を評価する場合には、赤は影響しませんでした。教授はこの効果を「ロマンティック・レッド効果」と呼んでいます。この効果は人間だけでなく、他の生物全般にも当てはまる効果だといいます。

　特に制服がピンクや赤の企業では、より女性が魅力的に映るかもしれません。社内恋愛を推進する場合、男性視点からは、女性の制服を赤系にするといいかもしれません。

　また近年、男性の草食化や絶食化が話題になることも多くなってきました。このロマンティック・レッド効果も男性の草食化と関係があるようで、近年、ある大学でおこなわれた実験では、効果が弱まっているという報告もあります。赤を見てどの程度の性的な興奮を感じるかは、男性の性的なアクティブさを計るひとつのバロメーターになるかもしれません。

2 章

女性とうまく接する土台作り

　本章では、女性とうまく接するための基本項目を押さえます。女性は男性の印象をどのように作るのか？　女性は男性のどこを見てどう評価しているのかを知り、うまく接するための土台を作りましょう。

女性はどのように印象を作るのか
~外見から瞬時に判断する~

　女性社員とうまく接していくには、最初によい印象を持ってもらい、良好な関係を築くのが大事です。人は相手の印象を顔や服装、髪型、体格といった「外見」、次に視線や表情、姿勢といった「しぐさ」、そして「話す内容」という順で判断し、それを総合的にイメージ化して「印象」というあいまいな総合評価とします。

　男性は印象形成において「外見」「しぐさ」よりも「話す内容」が重要だと思う傾向があります。しかし実際は、「外見」「しぐさ」というものに大きな影響を受けて、相手の印象を作りやすいことがわかっています。見た目や行動、動作がとても重要なのです。それぞれを少しずつ足し算して全体の印象を作るケースもあれば、特徴的なもの、目立つものの影響を強く受けて印象を作るケースもあります。何が強く印象に残るかは人それぞれです。ある人は髪型だったり、ある人は体型だったりします。

　一般的に女性は脳の構造上、そのさまざまな部位を使って、短時間で「好印象」「悪印象」という判断を下しやすくなっています。そして「初頭効果」といって、最初の印象が強くあとまで残る心理効果も、顕著な傾向にあります。女性社員によい印象を持ってもらうためには「最初が肝心」と思っていてください。なぜそうした機能が備わっているかというと、女性は損失回避傾向が強く、リスクを回避するために、自分に危険を及ぼしそうな相手をなるべく早く察知し、距離を取ろうとするためだと考えられます。ところが少しややこしいのは、女性は恋愛対象になりそうな男性を前

にすると、相手をじっくりと観察し判断するのです。つまり、瞬時に「好き」「嫌い」を判断しない傾向が強いのです(例外の人はいます)。男性は女性の外見から直感的に「好き」「嫌い」と判断してしまうことがありますが、女性はそうした感覚を持ちにくいことを理解したいところです。

このように男性社員たちは「外見」「しぐさ」といったもので簡単に印象を決められていると理解し、まずはこれらを磨く努力をしましょう。2章では、効果的な「外見」「しぐさ」をどう作っていくかを具体的に解説していきます。もちろん「話す内容」もまた非常に大事な役割があり、相手との関係を深めていくために重要なものです。「話す内容」については3章で解説します。

印象が作られる詳しいメカニズムは、拙著『マンガでわかる人間関係の心理学』(サイエンス・アイ新書)で詳しく解説していますので、参考にしてください。

外見を整える、身だしなみの基本
～女性が求めるのは「清潔感」～

　では「外見」から説明していきます。外見の要素には、「顔」「服装」「髪型」「体型」といったものがあります。特に職場では「服装」「髪型」や外見全体の整え方を指す「身だしなみ」という総合評価が重要になってきます。阪急電鉄、宝塚歌劇団をはじめとする阪急東宝グループの創業者である小林一三氏は「身支度、仕事半分」という言葉を残しています。身なりを整えることは、仕事が半分終わったようなものと、身だしなみを評価していました。それぐらい身だしなみは重要な要素なのです。

　では女性の視点で、男性の身だしなみを見てみましょう。大手ポータルサイトの「男性に気をつけて欲しい身だしなみ」の調査によりますと、1位は「飛び出した鼻毛」。男性は歳を重ねると、「鼻毛のケア」に対してルーズになる傾向があります。鼻毛が飛び出した上司に怒られても、女性は「気持ち悪い」という思いが強く、反省する前にかかわりたくないと思うことでしょう。2位は「ふけ」。スーツの肩に白い粉がふいたようになっている状況は、女性だけでなく男性も近寄りたくないものです。3位は「歯に付いた食べかす」、4位は「アカだらけの爪」でした。

　ランキングからもわかるように、女性が男性にまず求める外見の印象は「清潔感」です。よく聞く言葉ですが、とても大事な印象です。そして多くの男性はこれを「清潔」と勘違いしています。男性は毎日お風呂に入ったり、シャツを替えたりすることで清潔感が出ていると思っています。それは「清潔」にしているだけであ

って「清潔感」ではないのです。女性が求める「清潔感」とは、相手が「清潔」とイメージできる身だしなみのことです。たとえばボロボロのシャツを滅菌して着ていても、それは「清潔」かもしれませんが、「清潔感」を表現しているとは言えないのです。相手が「清潔なイメージ」を感じて、初めて「清潔感」が成立します。

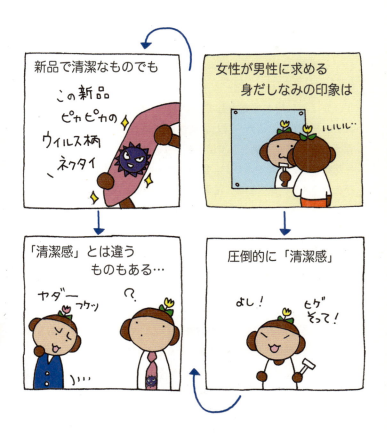

なぜ女性は「清潔感」を求めるのか?
~不衛生を避ける気持ちを理解する~

　では、なぜ女性は「清潔感」を重要視するのでしょう。それは女性の美意識と関係があります。ほとんどの女性は自分が美しくなりたいと思っています。社会は女性をすぐに「美しいか」「そうでないか」と分類したがります。そんな社会で生きる女性は美しさに対して強いコンプレックスを持っていることが多く、美しさに対して真逆の「不潔なイメージ」を拒絶するのです。美に対して強いこだわりがある人ほど、清潔感のない男性を拒絶します。
「自分は美に対して努力しているのに、共感しないで理解してくれない男性は"サイテー"」と、女性は無頓着な男性にイラ立ちを覚えます。恋愛対象としてはもちろん、上司としてすら、かかわりたくないと感じるのです。女性にとって「職場」「同僚」「上司」もひとつのステータスです。清潔感のない男性が近くにいることは、美に対して努力している女性にとって耐えられないことなのです。

　また女性が「清潔感」にこだわるのには、もうひとつ理由が考えられます。多くの女性はいずれ結婚し、家庭を持って安定することを望んでいます。清潔感のない男性との結婚は、不衛生な環境での生活を連想させます。不衛生な場所で生きていくことは、「危険」を感じさせるものでもあります。不潔なイメージがする男性の近くにいると、不衛生から実害を受けるのでは、悪影響があるのではという恐怖心が生まれます。そうした男性が近くにいるのは、結婚相手と意識する以前に、拒絶する心理が働いてしまいます。職場の「同僚」「上司」に清潔感があることは、イメージだけでなく実害の面でも、女性にとって重要な要素なのです。

顔はもっとも重要な要素①
~まずは顔の中心部からチェック~

では、具体的に身だしなみのチェックポイントを見ていきましょう。特に注意したいのは顔の周辺です。人の脳(視覚野)には顔だけに反応する細胞があります。顔にとても敏感に、そして細かく反応します。女性に不快感を持たれないよう、顔のまわりは十分に整えていきましょう。

● 目

目は印象を形成する重要なパーツです。目には感情のさまざまな情報が詰まっているため、女性は相手の目から感情を知ろうとします。そのため女性は目には特に敏感です。汚れがあると、とても悪い印象になってしまいます。毎朝、目ヤニなどがついていないか、鏡を見てチェックしましょう。寝不足から来る目の充血も印象を悪くします。メガネに指紋がついているのにも、不衛生なイメージがあります。注意しましょう。

☑ 毎朝、鏡を見て、目ヤニがないか確認(顔は必ず洗う)。
☑ 目にクマがないか、充血していないか。
☑ 眠そうな目をしていないか。
☑ メガネのレンズはきれいか。
☑ 度の合っていないメガネをしていないか(目つきが悪くなる)。

● 鼻

男性が気にしない盲点であり、もっとも女性が嫌うのが、飛び出した鼻毛。女性がいる職場では最重要チェック項目です。特に

課長、部長という年齢の人はおろそかにしがちです。鏡で見て、確認する頻度が大事です。

- ☑ 鼻毛チェックは最重要項目。毎日鏡を見て確認しよう。
- ☑ 鼻の先がギトギトしていないか、毛穴が黒ずんでいないか。

● **ヒゲ**

　だらしなく見えるだけのヒゲは、印象を悪くする危険な存在です。ファッションとして十分にケアしていても、デザイナーなど一部の業種以外では、のばして得になることはほとんどありません。それでも自己表現をしたい方は手入れをしっかりすることです。ヒゲで清潔感を表現するのは難しいので、十分に注意してください。常にきれいにそることが基本です。そり残しがあるのはもちろんNG。口のまわりはしっかりそれていても、アゴから首までのゾーンにそり残しがある人は多いもの。鏡で細かくチェックすることをお勧めします。女性は細かいところまで見ています。打ち合わせのときなど、近くで女性と接する人は特に注意してください。

- ☑ ヒゲのそり残しがないか、アゴ下や首までチェックする。
- ☑ もみあげの下までヒゲがのびていないか。
- ☑ カミソリ負けがあったり、肌が赤く傷ついていないか。
- ☑ ヒゲOKの職場であっても、のばして得になることはほぼない。
- ☑ のばしたヒゲをほめられても、それはほぼお世辞である。

顔はもっとも重要な要素②
～口臭などで損をしないように～

●口や口臭など

ただ歯磨きをするのではなく、歯に食べカスが残っていないか十分に注意しましょう。歯についた食べカスはとても不衛生に見え、嫌悪感を持たれるものです。また女性は臭いにとても敏感です。朝食を抜いている人は口臭に注意。空腹が続くと唾液が減少し、口内細菌が増えて口臭の原因となったり、すい液の影響で口臭がきつくなります。頻繁にマウスウォッシュを使う人もいますが、必ず効果があるとは言えません。使うとすっきりするので安心感がありますが、善玉菌まで排除してしまう可能性があります。一時的なケアには使えますが、過度に依存しないようにしましょう。

- ☑ 口臭には細心の注意を。丁寧な歯磨き、歯周病対策を。
- ☑ 空腹時の口臭が気になるときは、水分補給で軽減を。
- ☑ 白い歯はそれだけで印象がアップ。ホワイトニングもお勧め。
- ☑ 朝食後だけでなく、昼食後にも歯磨きをする。
- ☑ タバコを吸わない人はタバコ臭に敏感。吸うならケアを。
- ☑ 昼食では、においの強い食材はもちろん、ネギ類もなるべく避ける。
- ☑ 一時的な回避には、マウスウォッシュやサプリを利用する。
- ☑ 口臭の原因は舌であることも。余裕があれば舌ブラシを。

ちなみに顔に限らず、体全体の香りも重要です。体臭は相手を不快にするもののひとつ。清潔な肌着やシャツに毎日取り替え

2章　女性とうまく接する土台作り

るのはもちろんですが、一度「体臭がする」と思われると、その悪いイメージはなかなか取れなくなってしまいます。早めのケアをお勧めします。

- ☑ 体臭が気になる人は偏った食生活になっていないか確認。
 （緑黄色野菜、食物繊維、胃腸の調子を整える乳酸菌食品などをとる）
- ☑ 十分な睡眠と運動で代謝を上げ、体臭改善につとめる。
- ☑ 足を清潔に、風呂ではよく洗う。消臭効果がある中敷きを活用。
- ☑ クツは数足をローテーションして使う。
- ☑ 足臭が気になる人は五本指靴下がお勧め。においが軽減する。
- ☑ お風呂には5分以上浸かる。においの元を発汗で出す。
- ☑ 寝汗がひどい人は朝にシャワー、お風呂を使ってから出勤。

● **ツメ**

　場合によっては顔と同じくらいに、相手の視界に入るのが手、特にツメでしょう。多くの男性は普段気にしていないものですが、女性にとって意外と気になる場所のひとつです。汚れたツメ、のび過ぎたツメは不潔な印象を生み、自己管理が甘い人と思われてしまいます。それだけでなく、飛び出たツメやガサガサのツメは、女性に触れると肌を傷つける凶器になりえます。女性に触る機会などなくても、女性は「触られたらどうしよう」と強い嫌悪感を持つことがあります。きれいにしておくといいでしょう。

- ☑ ツメは短く清潔にしているか、毎日チェック。
- ☑ 仕事中にうっかりツメをかまない。

顔はもっとも重要な要素③
〜髪型と髪、耳もしっかり清潔に〜

● **髪型と髪**

　マナー本や身だしなみに言及する記事では「自分に合った髪型にするといい」と書いてあることがあります。ところが自分に合った髪型がわかっているような、自己演出リテラシーの高い人は、そんな本は読まないだろうと思います。また女性の嗜好により好まれる髪型も変わってきます。髪型に正解などはありません。自分の個性ですから、とやかく言われて直すことはないでしょう。ただし女性が好印象を持つキーワードは「清潔感」ですから、長髪よりも短めの髪型にするのが無難です。髪が目にかかるのもよくありません。女性は相手の目から情報を得ようとします。目の前にチラチラと髪がかかると、情報が得られにくく違和感を覚えてしまいます。目にかからない長さにするのが基本です。

　髪の長さよりもこだわるのは「寝グセ」です。髪が整っていないことに対する不快感は強くあります。朝、必ず鏡を見て、寝グセは直してから出勤しましょう。

　それから女性は肩のフケにも強い嫌悪感を抱きます。フケは誰にも生じる生理現象です。フケが多く出るのにはいくつかの理由があります。ストレス、偏食による栄養不足、洗浄力の強いシャンプーによる皮脂の取り過ぎ、フケの原因菌（カビ）の増加などの原因が考えられます。フケが気になる人はシャンプーを低刺激のものにしたり、食生活や整髪料などを見直しましょう。場合によっては皮膚科に行くことも必要です。

2章　女性とうまく接する土台作り

- ☑ もみあげを耳たぶの下までのばしていないか。
- ☑ 前髪は目にかかっていないか。
- ☑ 襟足はシャツにかからない長さか。
- ☑ ヘアカラーは明る過ぎないか、ムラになっていないか。
- ☑ 寝グセができていないか、ボサボサになっていないか。
- ☑ ワックスや整髪料を使い過ぎて、不快な印象を与えないか。
- ☑ 洗髪は毎日が基本。髪がべたついていないか。
- ☑ 首の後ろ、襟部分はワイシャツに汚れがつくので入念に洗う。
- ☑ フケは肩に落ちていないか。
- ☑ フケがひどい場合はシャンプーや生活習慣の見直しを。

● **耳**

　完全に盲点になっている人もいると思いますが、耳には要注意です。課長、部長の年齢の人は気をつけましょう。男性は加齢とともに耳毛の生え替わる周期が長くなり、毛が長く堅く太く成長してしまいます。飛び出した耳毛は自分では気づきにくく、女性に強烈な不衛生感を与えてしまいます。無意識にしている職場での耳アカ取りもよくありません。日ごろから耳掃除はこまめにしましょう。

- ☑ 耳毛がのびていないか鏡でチェックする。
- ☑ 耳まわり、耳の裏側は不衛生になりやすいのでよく洗う。
- ☑ 指で耳掃除はしない。女性に嫌悪感を持たれる。

面積が大きいスーツやシャツの着こなし
~ハロー効果をふまえたポイント~

　面積が大きく、遠くからでもわかるスーツやシャツなどの服装は、印象形成においても重要な役割を担っています。スーツで気をつけたいポイントをまとめました。

　サイズが合っていないスーツは女性から見るとだらしなく、仕事ができなさそうに感じさせます。男性はやや大きめのスーツを好む傾向がありますが、好印象のためには、自分に合うサイズを選ぶようにしましょう。

　シワや汚れがあるとそれも、女性が気にする「清潔感のない着こなし」になります。ブラッシングをし、シワをのばして着るようにしましょう。

　また女性が嫌うものに、洋服の「はみ出し」があります。女性は、秩序あるものが崩れることを強く拒絶する傾向があります。男性の場合、ズボンからシャツが出ているだらしなさは十分注意すべきです。また男性には気にしない人も多いのですが、半袖シャツの袖から、下に着たTシャツが出ていたり、Tシャツの柄がはっきり透けていたりするのもいただけません。

　基本はきちんとした身なりをしておくに限ります。人は「ハロー効果」といって、身なりや外見がよいと、その中身までよいのではないかと想像して記憶するという心理効果があります。個性的な服でアピールするよりも、地味でもきっちりとした服装をしているほうが、はるかにポジティブなイメージを引き出せるのです。

　また普段、上着のボタンをとめるか外すかを気にすることがあるかもしれませんが、基本は、立つときにはとめて、座るときには

2章　女性とうまく接する土台作り

外します。立って人と会うときはボタンをとめるのがマナーであり、座るときにボタンをとめたままだと型崩れしてしまいます。接客業でなければ特に気にしない方もいるかもしれませんが、上着の前をさっと閉めたり開けたりできるとスマートで、女性の印象が上がります。あとは職場のルールに従い、フレキシブルに対応しましょう。

- ☑ スーツのサイズは合っているか。
- ☑ シワや汚れはないか。ズボンの折り目があるとより好印象。
- ☑ お腹まわり、袖口からシャツが出ていないか。
- ☑ インナーシャツの柄が透けていないか。
- ☑ ポケットに多くのものを入れると、型崩れするので注意。
- ☑ 特にズボンのポケットには大きなサイフを入れない。
- ☑ ネクタイの柄は派手過ぎないか。
- ☑ ベルトは定期的に交換し、古いものをずっと使わない。
- ☑ 靴下が黒や紺だと、よい印象を持たれやすい。
- ☑ 着用後のスーツは、風通しのよい日陰につるしておく。
- ☑ 社会人なら、洋服ブラシを最低1本は持ちたい。

色彩戦略を使って印象をよくする①
~好きな色ではなく目的に合った色を~

　女性には色に影響を受けやすい人が多く、色から来るイメージで相手の印象を作りやすい傾向があります。「自分に合う色を探そう」と、肌などの色から似合う色を探す、パーソナル・カラーシステムについて説明している書籍も多くあります。これは、スーツやシャツの色を選ぶ場合にも役立ちますが、色の知識の少ない男性にとっては、ハードルが高い話です。また、単純に色を「似合う」と感じるかどうかには個人差があり、肌だけでなくさまざまな影響も受けるので、なかなか難しい手法です。

　色は「似合う」「似合わない」で考えるのではなく、組み合わせることで一定のイメージを表現できることが、科学的な実験でもわかっています。自分の「好きな色」「似合う色」ではなく、「伝えたいイメージ」の色をまとう、という考えで服を選択するほうがいいでしょう。そうしてその中で「評判のよい、自分のイメージと合ったものをいくつか知っておくことが、よい印象作りに効果的」と本書では考えます。まず色はイメージを作るうえで効果的に働き、さらに女性には強い効果をもたらします。色はイメージ戦略のひとつとして使いこなすようにしましょう。

● 紺

　紺には正紺、濃紺、花紺など多くのバリエーションがあり、スーツでもよく使われます。「誠実さ」「まじめ」を表現しやすい色です。落ち着いた、知的な感じに見え、ポジティブに感じる色のひとつとして多くの人に好まれます。多くの色と組み合わせてもよ

いイメージを構成しやすく、使いやすい色です。気持ちを落ち着かせたいときに身につけたくなる色で、冷静な判断をしなくてはいけないときも紺を求めたくなります。鎮静効果もあるのでクレーム対応にも向いています。「安定」の色でもあります。

・スーツ：紺
・シャツ：白
・ネクタイ：紺

・スーツ：紺
・シャツ：白
・ネクタイ：黄色

・シャツ：水色
・ネクタイ：紺

●青

　青の中でも明るい青、軽やかな水色は、春夏の服でもよく使われる色です。空や海、水などの澄んだ色であり、自然で柔らかく清々しいイメージを出せます。水色は、創造力促進色です。新しいものを考えるときに着るとよいと言われています。多くの日本人男性に似合う色であり、定番カラーとして水色のシャツは持っておきたいものです。白と組み合わせるとさわやかに、明るい黄色と組み合わせると若々しさを表現できます。

・スーツ：紺
・シャツ：水色
・ネクタイ：青

・シャツ：水色
・ネクタイ：黄色

・シャツ：白
・ネクタイ：青

色彩戦略を使って印象をよくする②
~グレイ、赤、ピンク、緑がもたらす効果~

● **グレイ**

　グレイは黒と白の中間にあり、地味な印象の色です。濃いグレイは重厚でフォーマルなイメージになり、明るめのグレイは上品で静かなイメージを出します。単色のグレイだけを使うと地味になるので、濃淡の違うグレイでうまくまとめると、品よく見せられます。他の色と組み合わせることで、他の色を引き立てる効果もあります。安定志向、保守的な気持ちがあるときにグレイの服を着たくなる傾向があります。また、グレイを見ると副交感神経が優位になり、エネルギーの消費を抑え、慎重な行動を取るようになります。グレイは「受け身」の色です。

・スーツ：グレイ（濃）
・シャツ：グレイ（淡）
・ネクタイ：グレイ

・スーツ：グレイ（淡）
・シャツ：白
・ネクタイ：緑

・シャツ：グレイ（淡）
・ネクタイ：オレンジ

● **赤**

　赤は「情熱」や「行動力」を表現する色です。強い色で、スーツやシャツのメインカラーには使いにくい面もあります。ワンポイントで使うことで、適度な効果を見込めます。赤系のネクタイを着用すると力強さや強い意志を表現できます。イメージ戦略が進んだアメリカにおいては、大統領が演説で力強さをアピールしたいときなどによく使われるカラーでもあります。黒いスーツと組み

合わせるとより赤の強さが強調され、紺と合わせると若々しい情熱を表現できます。赤いものを身につけたくなるのは、心のどこかに人から注目を浴びたい気持ちがあるときでしょう。また、赤は愛情の色でもあり、愛情に飢えているときにも赤いものを求めてしまいます。特に若手社員が「やる気」、営業社員が「行動」「推進」を表現するのに向く「攻め」の色と言えます。

・スーツ：グレイ（濃）
・シャツ：白
・ネクタイ：赤

・シャツ：オレンジ
・ネクタイ：赤

・シャツ：ピンク
・ネクタイ：赤

● ピンク、緑

　ピンクは女性の色という印象が強いかもしれませんが、組み合わせ次第ではよいイメージを表現できます。グレイと組み合わせると甘過ぎず「かわいらしさ」を表現できます。緑は男性に好かれやすく、心のバランスが崩れたときに着たくなる色です。緑の持つ調和効果で心が癒されます。「安らぎ」や「調和」を感じる色ですが、シャツに使うと顔色が悪く見えることがあるので注意してください。

・スーツ：グレイ（淡）
・シャツ：白
・ネクタイ：ピンク

・シャツ：紫（淡）
・ネクタイ：ピンク

・シャツ：ベージュ
・ネクタイ：緑

よい表情は、自然な視線から
~視線を向ける場所、視線の外し方~

続いて「しぐさ」で好印象を作る方法を説明します。しぐさの中でも重要なのは表情。「視線」から、喜び、怒り、悲しみ、不快感、驚きなどの感情が発信されます。人の感情を気にする女性にとって、目はとても重要な判断材料であり、無意識に目の変化を見ようとしています。

男性は、女性の目を見て話をすることが大事です。目線を合わせないでいると、「何か後ろめたいことがあるのでは」「自分に興味がない？」といったネガティブな印象を与えてしまいがちです。また目以外の胸や脚などに視線を落とすことは、性的な対象として見られていると感じ、強い嫌悪感を持たれることがあります。女性と話をしているときは、絶対に視線を肩より下に落としてはいけません。

ただし、相手の目をずっと見続けると、変に圧迫感を与えてしまいます。ときどき自然に視線を外すといいでしょう。タイミングがわからない人は、数秒間（3～5秒間）に1回外すといいと思います。話に熱中して説明しているときは、もう少し見る時間が長くなるよう意識すると、熱意が伝わりやすいでしょう。外す動作を自然にできない人は、「瞬き」と一緒に軽く外すと自然になります。深くうなずくタイミングもいいでしょう。話を聞いてくれると思われ、一石二鳥です。目をそらす際に他の人を見てはいけません。興味がないというメッセージになってしまいます。

それから視線で注意したいのは「瞬きの回数」と「目の動き」です。瞬きが多いと不自然な感じを受け、「ウソをついている」と思われやすいのです。話すことを思い出しながら目を左右に大きく動か

す人も、ウソをついていると思われやすいので注意してください。

- ☑ 女性の目を見て話す。数秒間に1度は視線を外す。
- ☑ 視線を外すときは他人を見ない。
- ☑ 女性の肩より下に視線を落とさない。
- ☑ 瞬きの回数に注意。視線を左右に大きく振らない。

笑顔と「好意の返報性」
～優しい表情で好感を植えつける～

　続いて表情の「笑顔」について解説したいと思います。女性と話すときに表情は重要です。特に笑顔には気を配りたいものです。笑顔は「あなたを好意的に受け入れます」というメッセージを無言で発信しています。さらに「あなたに興味があります」という柔らかい気持ちも伝えることになります。

　人には「好意の返報性」というものがあり、好意を持ってくれている相手には好意で返したいという無意識の反応が現れるのです。自然な笑顔ひとつで、女性の反応はガラリと変わります。笑顔にはリラックス効果もあるので、ストレスの軽減にもなります。

　特にあなたが管理職で、いつもは厳しい表情をして仕事をしているとします。そこへ女性社員が指示をあおぎに来たり、依頼していたものを届けてくれたらどうしますか？　そんなときは意識的に笑顔になりましょう。優しい笑顔で話しかけられると、女性は安心して相手に好印象を持ちます。口角を上げたり笑っている目を作ったりするのが難しいと感じる人は、口と眉間の力を抜いてみましょう。それだけでも効果があります。厳しい顔から一転、優しい顔になると、そのコントラスト効果は絶大です。

- ☑ 普段は厳しい顔をしていても、女性の前では優しい笑顔に。
- ☑ 眉間のシワをのばす、口角を下げないだけでもよい印象に。
- ☑ 笑顔で相手を受け入れると、相手も笑顔で返したくなる。
- ☑ 家では鏡に向かって、自然で優しい笑顔の練習をする。

アゴの角度ひとつで印象が変わる
~上を見過ぎると横柄に感じられてしまう~

　男性はあまり意識しないのですが、「アゴ」は表情を作る重要な要素のひとつです。実はアゴの角度ひとつで、印象が大きく変わってしまいます。初対面で印象が悪い人は、このアゴの角度で失敗していることがよくあります。アゴの角度をコントロールすることで好印象を演出しましょう。

　アゴが上がっていると自信や余裕がある印象に、さらに上がっていると横柄で偉そうな印象を持たれます。若い社員が無意識にすると「生意気」と思われます。役職者は無意識にアゴが上がってしまっていることがありますが、近寄りがたい雰囲気を助長しています。

　逆にアゴを下げ過ぎると、自信がなさそうな印象を持たれます。アゴのラインが床と平行になるように上げて軽く首を引くと、誠実で信頼のある印象を与えられます。人と話をするときにはフラットを意識して（鏡で確認）、プレゼンや商品アピールをするときには、ほんの少しだけアゴを上げると自信に満ちているように見え、好印象を持ってもらえます。

- ☑ アゴが少し上がると（5度〜10度）、自信があるように見える。
- ☑ アゴが大きく上がると（20度）、横柄で偉そうな印象になる。
- ☑ 床に対してフラットなアゴは、誠実さ、信頼感を印象づける。
- ☑ アゴが少し下がると（5度〜10度）、遠慮、控えめな印象に。
- ☑ アゴが大きく下がると（20度）、自信がないと見られてしまう。

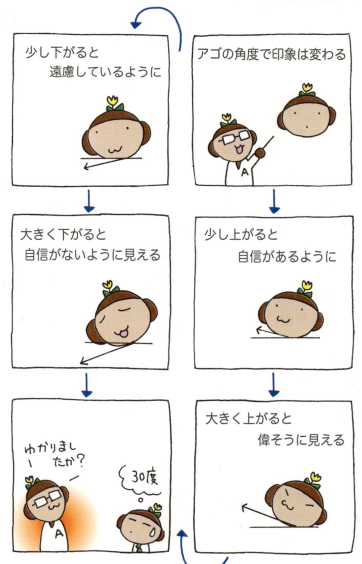

すっと背筋をのばし、印象のよい姿勢に
～猫背は信頼度を大きく下げる～

　姿勢もまた印象形成に大きな影響を与える要素のひとつ。猫背の人、体が左右のどちらかに傾いている人は、「自信がない」と思われてしまいます。逆に胸を張り背筋がのびた人は、自信と安定を感じさせて、好印象を与えやすいです。特に女性社員の上司はこうした雰囲気を作ることが大事です。猫背で体を小さくし、自信なさげにしている上司に、仕事の相談をしたいと思う部下はいません。長時間にわたってパソコンで作業をしていると、猫背で前屈みの姿勢が続き、それがクセとなってしまうこともあります。日ごろから胸を張り、背筋をのばすようにしましょう。壁に背中をつけて腹筋をしめる。そこから自然な形に背筋をのばしてアゴを引くと、自然な形でよい姿勢が作れます。無理やり胸を張る必要はありません。

　また女子社員の話を座って聞くときにも、腕を組むのは避けるべきです。腕を組むという行為は、本人は「相手の意見をじっくりと聞くため」と思っていても、相手には「あなたの意見は聞かない」という拒絶のメッセージとして伝わることもあります。同様に足を組むことも避けるべきで、手はテーブルの上に出しましょう。

☑ 猫背の人は自信がないように見え、信頼されにくい。
☑ 自然な形であれば、よい姿勢を長時間続けられる。
☑ 相手と話しているとき、足は組まないようにする。
☑ 腕を組んで相手の話を聞いてはいけない。

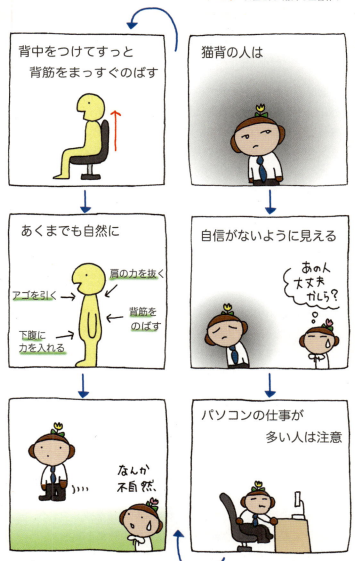

話している間はどこにも触らない
~ただし、手は効果的に使う~

　会話がうまいと言われていても、本当に会話がうまい人は、意外に少ないものです。実際は「会話がうまいという印象」が記憶に残っているだけのことが多いでしょう。この場合、適度なボディランゲージ、手の動きが効果的に働いていることがあります。言葉にのせて自分の前で、手を使って説明を補完してみましょう。あまり大き過ぎず、自分の胸元あたりで動かすのがお勧めです。手を使った会話は女性にはより印象に残りやすく、よい記憶として刷り込まれやすいのです。相手と共感するときに「そうそう」と手を軽く振ると女性はとても気持ちよく、強く共感してくれたと思います。女性は言葉以外のメッセージを強く受信しようとするのです。

　男性が長袖のシャツをまくって話をするのも、効果的です。ただ、そのまま引っ張りあげても、だらしなく見えて逆効果になることがあります。しっかりとシャツを折った腕まくりは、多くの女性にポジティブな演出として機能しやすいのです。

　このように会話を補完するものとして手を使うと、好印象につながります。しかし、意味もなく会話中に手を上げ、自分の体に触れるのはNGです。髪や鼻、口を手で触るのは退屈やウソの表れであり、印象としてひとつもいいことはありません。無意識に手が自分の体を触らないように注意してください。

- ☑ 適度に手を使った会話は、女性に好印象を残しやすい。
- ☑ 手を動かすのは効果的だが、足は極力動かさない。
- ☑ 会話中に手で口、鼻、髪などに触れてもいいことはない。

2章 女性とうまく接する土台作り

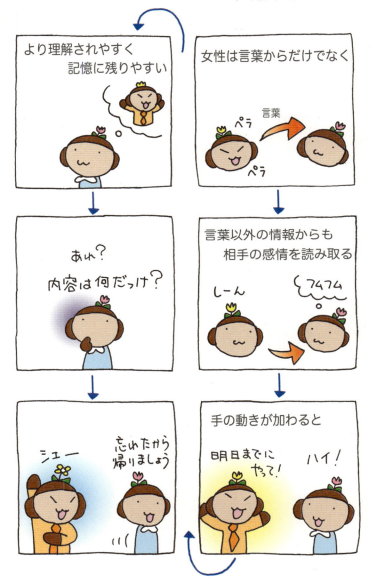

3 章

女性とうまく向き合う会話術

　本章では女性とうまく向き合うための「会話」にスポットを当て、うまく接していくための基本事項を解説していきます。女性と話すときの注意点、何をどうすれば女性は心地よく仕事に集中してくれるかを心理学の視点から紹介します。

女性社員を「仕事仲間」として認める
～名前を呼んでお願いする～

「外見」「しぐさ」を磨いても、女性と接していく中で、うまく関係が築けないことも出てくると思います。でも大丈夫です。そんなときは「話す内容」、会話で女性との距離を縮めることも十分可能です。まず女性との会話のベースになるのは、「相手の女性を認める」ということです。男性は女性を軽く見てしまいがちです。これは女性社員と一緒に仕事をするときに、注意しなくてはならない重要な問題でしょう。

女性社員が仕事現場に進出していく中で、「女性はすぐに辞めるから仕事を任せられない」「女性は能力的に男性より劣っている」と、女性を見下すような男性がいまだに存在します。男性は基本的に誰かと比較することが大好きです。自分の優位性を実感して自尊感情を満足させる思考回路があります。そのため女性を過小評価し、自分の立場を上げようと考えます。女性はそうした男性の言動を敏感に察知するので、壁を作られる大きな理由になります。男性が女性社員の名前を呼ばずに「キミ」や「派遣さん」などと呼ぶのは、女性を下に見ている証拠です。特に意識したつもりはなくても、その深層には「名前を覚える必要もない」といった女性を軽視する心理があります。たとえどんなに短い間でも、その存在をしっかりと認めて、「仕事仲間」として向き合うことが信頼関係を築く基本です。女性の名前は必ず覚える、そして名前（名字）を呼んでください。名前を呼ぶということは、一人の人として認めている表明になります。ただし何度も名前を呼ぶと、女性の中に「なれなれしい」という否定的な気持ちが生まれます。

ある実験で、初めて会った男女を集め、会話をしてもらいました。その中で15分の間に男性が女性の名前を6回以上呼んだところ「なれなれしい」と女性は不快感を持ったといいます。関係が浅い間は回数を少なめ（2、3回）にコントロールしたほうがいいでしょう。そして、親しくなってきたら積極的に名前を呼びましょう。

　私たちは誰でも「認めてもらいたい」と思う承認欲求を持っています。もともと女性はこの承認欲求が男性よりも強い傾向があります。最近は孤独感を持つ人が増えてきており、さらにSNSというツールが普及する中、この承認欲求は年々高まっています。フェイスブックやツイッターで「いいね」と評価されることに強い喜びを感じるようになっているのです。多くの人は現実社会で得られにくい承認を、ネットで安易に求めているのです。

　男性は女性とうまく付き合うためには、相手を認め、それを会話で表現していくことが大事です。ものを頼むときはひとりひとりの目を見るようにして、柔らかい表情で「○○さん、この資料のコピーを5部お願いしていい？」「○○さん、△△まで行ってくれませんか？」などと、名前を呼んでから頼む習慣をつけましょう。

「結果」と「努力」、どちらを認めるべきか
~人は評価されたくて成長する~

　名前を呼んで相手の存在を認めてあげることは、基本です。では具体的に女性の「何を認めてあげる」といいのでしょうか？　仕事においてよく言われることは、求められているものは「結果」なのか「努力」なのかです。会社は利益を出さなければならないので、まず評価されるべきは「結果」です。「努力」をするのは当たり前で、たいして価値はないと考えられます。たしかにそれは合理的な考えですが、それでは努力を続けていても結果を出していない社員は、上司から認められる機会がなくなってしまいます。それで奮起してさらに努力する社員もいますが、部下や後輩を成長させたいと考えるなら、もっと大きな視点で「努力」も「結果」も両方、認めてあげるほうがいいでしょう。

　ではどのように認めるといいのでしょうか？

　認めるとよいポイントには、実は男女で差があるのです。男性は評価されることが大好きです。プロセスがよくなかったとしても、「結果」に対して「よくやった」と評価してあげることで、彼らは満足します。ところが女性は単に結果を評価するのではなく、結果の前にプロセスの「努力」や「気配り」といったものに対して「よくがんばった」と評価してあげることが重要なのです。女性は「自分のがんばり」を認めてもらいたいという強い心理が根底にあります。まず努力をねぎらい、「大変だったろう」と共感することが彼女たちの気持ちを高めます。

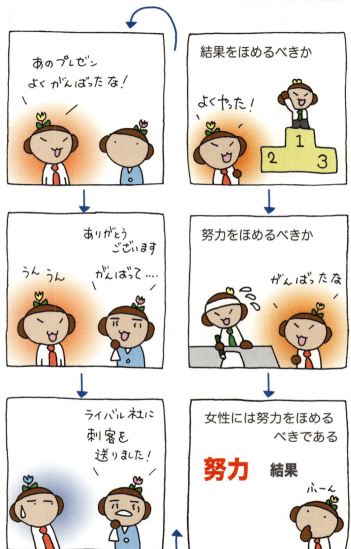

感謝は相手を認めるサイン
〜素直に礼を言うのは恥ずかしくない〜

　ダメな上司や先輩社員の行動のひとつに、気持ちが部下や後輩に伝わらないというものがあります。自分が思っていることは、相手に伝わっているに違いないと思い込むのです。コピーを依頼してやってもらったのに、相手の目を見ないで「そこに置いておいて」「おう」と軽く受け取る人が多くいます。その人に、感謝を伝える重要性を説明すると返ってくる答えは同じです。「感謝している気持ちは部下に伝わっているから大丈夫」と言います。それは違います。ほとんどの場合、伝わっていません。

　素直に礼を言えない。これは感情表現を手抜きしたいという心理です。わざわざ部下や後輩にお礼を言うのは「恥ずかしい」と抵抗を感じる人もいます。上の者が感謝の気持ちをその都度言って「軽く見られたくない」と考えている人もいます。そもそも感謝を伝えるなんて「面倒」と、社会的なコミュニケーション自体を手抜きしているのかもしれません。いずれにしても、自分の気持ちをうまく伝えられないので、その苦痛を「相手はわかっているはず」と思い込むことで軽減しているのです。

　感謝というものには、人間関係を良好にする非常に強い心理効果があります。感謝は相手のしてくれた言動に礼を持ってこたえるもので、「相手を認める」ことにもつながります。自分の中でどんなに感謝していても意味がありません。相手にしっかりと伝えて初めて「あなたを認めている」という意思表示になり、意味があるのです。

3章 女性とうまく向き合う会話術

「ありがとう」と目を見て言う
~返報性をうまく使った会話術~

　感謝には「相手を認める」以外にも、人間関係を円滑にする心理効果があります。それは返報性です。人は他人から何らかの好意や自己開示（p.132参照）などを受けると、同等の「お返し」をしたくなる心理が働きます。スーパーの試食コーナーで店員さんから試食品を受け取ると、買わなくてはいけない気持ちになる、あの心理です。感謝についても同様の心理が働くので、それをうまく使い、わかりやすく感謝を伝えるほうが得をするのです。

　感謝は伝わってこそ価値があるので、しっかりと相手の目を見て、「ありがとう」と言うことが大事です。女性は人のためになっていると感じると、うれしい感情を持ちます。そして感謝をされると、自分も感謝を返そうという心理が生まれます。逆に言えば「ありがとう」の一言で、女性は気分よく仕事ができることになり、その感謝は自分にも返ってくる可能性が高まります。

　一部の男性には、感謝することは甘やかすことにつながるという信念を持っている人がいます。それは悪い思い込みです。「甘やかしているのでは？」という言い訳を作り、丁寧なコミュニケーションを遠ざける手抜きになっていることがほとんどです。素直に気持ちを込めて「ありがとう」と伝えましょう。

　心理学では、感謝と幸福感の関係も研究されています。感謝は人の幸福感を高める効果があるだけでなく、自己よりも他人のために努力しようとする行動を促進するとも言われています。働いていくうえで人間関係が良好な職場であることは大きな価値があり、長く力強く働いてくれる土壌になります。

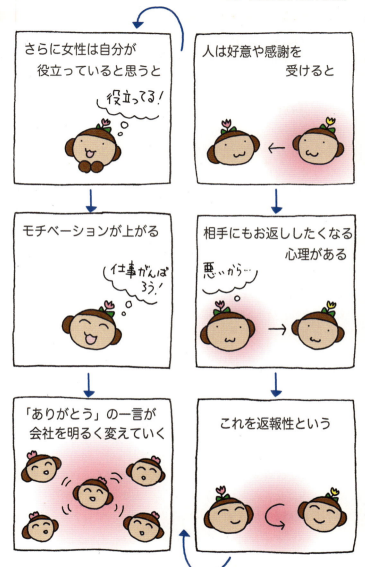

特定の相手を特別扱いしない
～平等に接する姿勢が大事～

　女性が敏感に察知する感覚に「平等かどうか」があります。会話でも男性はこれに気をつけないと、女性たちのモチベーションを低下させ、不満を増幅してしまいます。特に女性は、男性社員が自分より若い女性にどう対応するかを敏感に見ています。男性社員は特に気をつけたい部分です。

　女性が平等に対して敏感なのは、女性が強い「損失回避」の心理を持っているからです。他の人よりも自分が損をしていると感じると、強い不満を持つようになってしまいます。また年下の女性に対して敏感なのは、多くの女性が年下の女性に強いコンプレックスを持っているからだと考えられます。社会全体は「女性の価値は若さ」と決めつけていると女性は感じています。就職では若さが有利になり、結婚相談所では年齢で検索されてしまいます。女性は若い子と比較されるのを嫌います。そうした気持ちが強くあることを理解して、男性は対応しましょう。

　そして男性が気をつけたいのは「呼び方」です。ある女性は下の名前で呼び、別の女性は上の名字、ある女性は「ちゃん」で、別の女性は「さん」。こうしたことを女性は差別と感じることがあります。全員を下の名前で呼ぶのはなれなれしいので、必然的に全員「〇〇さん」と名字で呼ぶことが好ましくなります。本当に平等かではなく、「平等だ」と感じてもらうのがポイントです。そこで積極的に女性に声をかけましょう。「大丈夫？」「問題ないですか？」「お疲れさま」と声をかけることで、「私のことをちゃんと気にしてくれている」と女性は安心します。

話しやすい雰囲気の男性社員になる
～理想の上司に近づく第一歩～

　女性が求める「理想の上司像」のアンケート調査によると、理想の上司の1位は「仕事ができること」ではなく、「話しやすい雰囲気のある人」です。女性は不満、悩みを持ちやすく、上司に自分の話を聞いてもらいたいと願っています。では男性としてどのようなところに気をつければ、女性たちから「話しやすい」と評価され、実際に関係がうまく築けるのか？　会話術、しぐさの視点から、話しやすい雰囲気の作り方、どうすれば女性社員が話しやすい雰囲気の男性社員になれるかを解説します。

　地位に関係なく積極的にあいさつをする男性を、女性は「話しやすい人」と感じます。自分から先に声をかけることは「コミュニケーションに積極的です」という名刺を配っているようなものです。「あなたに好意を持っている。敵ではありませんよ」というアピールと同じです。女性には積極的に、目を見て大きな声で、自分からあいさつする習慣を身につけましょう。

　少し強面(こわもて)で、外見的に話しやすい雰囲気を作りたい人は、パステル調のシャツを着ることをお勧めします。オレンジや黄色、ピンクなど暖色系のパステル調の色は、柔らかく親しみやすいイメージを作ります。着ている服から優しいイメージを持つと、その人の性格まで穏やかで優しい性格だと連想づけて認知されやすいのです。黒やダークグレーのスーツにワインレッドや黒のシャツで、まるでホストのようなお洒落を演出するよりも、柔らかく優しい感じにするほうが心を開いてくれやすくなります。

話しやすい会話を生む8つの技①
~女性が思わず心を開く話し方~

　話しやすい雰囲気が作れたら、次は、実際に会話しやすいと感じてもらわないといけません。話しやすい雰囲気に思えたので話してみたものの、なんだか話が弾まないと思われたらマイナスです。この人と話をしているとどんどん話せてしまうと思える、話しやすい会話術を紹介します。

(1) 自分から話しかけて聞き上手に徹する

　女性社員が何か話したそうなしぐさをしていたら、積極的に自分から話しかけましょう。最初は仕事と関係ない話から始めて、気持ちがほぐれてきたら悩みにアプローチしてあげるといいでしょう。話を聞きながらすぐにアドバイスするようなことはせず、まずは女性が言いたいことを全部、話してもらうことです。話し上手になるのではなく、聞き上手に徹するのです。女性は話を聞いてほしいのです。

(2) 座る位置と距離で話しやすさを調整する

　女性社員と話をする場所はどこがふさわしいでしょうか？　大勢の人がいるオフィスの片隅で聞くのはよくありません。ほめることは大勢の前で、話しにくそうなことは誰もいない場所がいいのです。喫茶店などの場所でしたら、自分の背中を壁にするなど、女性の集中力が他人に行かないようにする配慮が必要です。会議室なら大きな会議室より小さな会議室で、四角いテーブルよりも丸テーブルの席で話を聞いてあげると、女性は話しやすくなります。相手との距離は少し短めにして、向き合わず角をはさんで座る

のがもっともよい座り方です。視線も自然に外せます。お互いに向き合って正面に座るのもいいのですが、少しかしこまった感じになってしまいます。「説得される」という意識を持たれやすくなるでしょう。その場合は相手の右目を見るようにするといいです。右目と右目が合うとリラックスしやすく、心地よいイメージを与えることができます。

　私たちはパーソナル・スペースといって、個人のなわばりみたいな空間を持っています。この空間は円形をしており、個人によって大きさに差があります。女性は前方0.6〜1.2メートル程度で、この空間に他人が入ると息苦しく感じます。基本的にパーソナル・スペースには他人に入られたくないのですが、話を聞いてもらいたいと思うときは少し距離が縮まります。そしてこの空間に長くいる相手に対しては、好意が増すことがわかっているので、相手との距離を気持ち短めにすることが、信頼関係を築くのに効果的です。自然に少しだけ近くで話を聞ける場所、会議室、喫茶店、カフェなどを戦略的に探しておきましょう。女性に近づくことに抵抗がある男性は、初めに少し距離を取り、それを徐々に縮めていけばいいでしょう。

相手の正面に座るなら
右目を見ると効果的

話しやすい会話を生む8つの技②
～スピードと「うなずき」「相づち」～

(3) 話すスピードをコントロールする

　意外に盲点なのが「話すスピード」です。人は自分と同じスピードで話す相手を心地よく感じる傾向があります。相手のスピードに合わせて、自分の会話速度をコントロールしましょう。相手の話を聞く場合なら、自分の言葉は少しゆっくりと口に出すようにしましょう。早口の女性は焦っていることもあるので、気持ちを落ち着かせる方向で話を聞いてあげるとよいでしょう。速いペースで話す人には、視覚情報を重視する傾向が見られます。こちらから何かを説明するときは、視覚情報（絵、ジェスチャーなど）を加えると、相手の理解度が増えて喜ばれます。

(4)「うなずき」「相づち」のバリエーションを豊富に

　女性の話を聞いているとき、黙って腕を組んでいませんか？　そういう人は、話をしにくいタイプの典型です。腕を組むということは、会話を受け入れないという防御の姿勢と感じられます。またずっと黙って聞いていることは、話している相手にとって心地よいものではありません。大事なのは心地よい「反応」を適度にすることです。

　「うなずき」や「相づち」をうまく使う人は、話しやすい雰囲気を漂わせます。基本は相手の目を見て、相手の気持ちに応じて軽くうなずいたり、深くうなずいたりと、変化をつけることが大事です。それにより「ちゃんと話を聞いている」ことが相手に伝わります。「相づち」も「そうなんだ」「へぇー」といったものだけでなく、相手の感情に合わせてたくさんのバリエーションを持ちまし

ょう。熱心に聞いている気持ちが伝わります。会話での反応がよいと、相手はとても話しやすくなります。相づちのバリエーションを紹介しますので、これをベースに自分のバリエーションを増やしていってください。

相づちのバリエーション

単純相づち	「うん」「はい」「へえ」「そうなんだ」「なるほど」 一定のリズムで入れることで、相手が話しやすくなる基本語
共感相づち	「それは大変」「よかった」「やっぱり」「私もそう思う」「たしかに」「ひどいね」 話の中で共感することで相手が気持ちよく話せる。女性には特にこの共感相づちを意識する
驚き・疑問相づち	「えー?」「それはないんじゃない?」「本当に?」 相づちが単調にならないように、驚いたり、疑問を投げかけたりすることで「ちゃんと聞いている」という印象を与えられる
興味相づち	「それで?」「それから?」「おもしろいね」 話自体に興味を持っているという意思表示をし、相手の話す気持ちよさを刺激する

話しやすい会話を生む8つの技③
~オウム返し、ミラーリングなど~

(5) オウム返しを入れる

　多彩な相づち、うなずきを強弱つけて繰り返すことが大事ですが、しばらく聞き続けたら、もう少し変化をつけると、より聞いている感じがします。会話の中で大事な言葉だと思ったら、相手の言葉（単語）をそのままかみしめるように復唱しましょう。これは「この言葉はとても大事」というメッセージになり、相手は話を真剣に聞いてくれていると思うようになります。こうしたオウム返しを入れることで、相手はとても気持ちよく話せます。

(6) 相手のしぐさの真似をする

　相手がお茶を飲んだら自分も飲むなど相手のしぐさを真似すると、心地よい雰囲気を作ることができます。これはミラーリングと呼ばれるもので、自分と似ている行動を取る人に親近感を持つという心理効果です。相手がした動作を時間差で真似るだけで、親密さが増していくのです。ゆっくりと、しぐさのあと追いをしてみましょう。少しうまくできるようになったら、相手の瞬きに合わせて瞬きをすると、なんとなく心地いい雰囲気を作ることができます。

(7) 時間がなくても丁寧に聞く

　忙しいときに相談されても時間を気にしたり、時計を見たりせず、真摯に話を聞いてくれる人は話しやすいと感じます。同じ社内、同じ部署なら仕事が忙しいことは相手も理解していると思います。そこで「自分のために時間を作ってくれる」と思う気持ち

が話しやすくし、信頼感を抱く存在になります。

(8) 自慢話をしない

　つい男性がやってしまう自慢話は、女性が嫌う話のひとつです。だいたい同じ話になりますし、話が長く、ためにもなりません。自慢話が多い人に女性は話をしたがりません。むしろ話すなら、失敗談や自虐的な笑える話で親しみを持ってもらいましょう。

悩みを言えない女性
～無意識に軽視、説教していませんか?～

　最近の若い社員は何か悩みを抱えると、それを誰にも相談できないで、どうするかひとりで決めてしまうという傾向があります。相手に迷惑だと思われることを嫌い、誰にも相談できないのです。上司や同僚として話しやすい雰囲気を作り、女性社員が口を開くのを待つだけでなく、気になったら積極的に「何かあった？」「困っていることない？」と聞いてあげることも大事です。
　それでも女性がなかなか悩みを打ち明けてくれないのは、あなた側に問題があるのかもしれません。

　ちょっと今までの自分の対応を振り返ってみましょう。たとえば、過去に女性が相談に来たときに、話の途中で腰を折り、「それなら～」とアドバイスしていませんでしたか？　早合点をして「よくわかるよ～」と理解がある男を演じようとしていませんでしたか？　「オレの若いころは」と自分の話を持ち出したり、「そんなことで悩むな」と軽く扱っていませんでしたか？　女性には自慢話や自分の感情を軽視された印象が残っているかもしれません。

　気がつくと説教をしていたり、感情的に女性社員を叱咤したりしていると、女性社員はそうした対応を受けて、余計に相談できなくなってしまいます。これは、自分ではなかなか気がつきにくいものです。思い当たる場合は十分に注意しましょう。素直に前回の対応を謝るのもいいかもしれません。女性社員の微細な変化も見逃さず、うまく接することを目指してください。

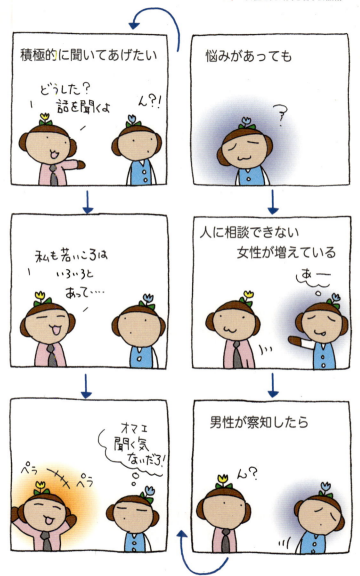

会話を「質問力」でうまく乗り切る①
~最初の質問は「はい」「いいえ」で答えるものを~

　男性と女性のすれ違いを生む原因は「会話」から始まることが多いのですが、すれ違いを解消するのもまた「会話」です。女性にとって「会話」は男性が考えている以上に重要なものであり、それを尊重していく必要があります。ワシントン州立大学のジョン・ゴッドマン教授は年に数回、すれ違いに悩む男女向けに講習会を開いており、その講習会でも会話が大事だと語っています。会話の質に問題があるだけでなく、「量」が減っていることも大きな原因と考えられています。職場で苦手な女性と話をしなくてはいけないのは苦痛でしょう。ちょっと空いた時間や移動中、そもそも女性社員とどんな会話をしていいのかわからないという方も多いと思います。すると、どんどん会話をしなくなってしまいます。

　そんなときは「質問」をするという形が、もっとも簡単で、相手と理解し合う一歩になります。質問という行為は「あなたに興味があります」という好意の一種です。人は質問されると気持ちいい感情を持ちやすく、してくれた相手に好意を感じやすい心理が生まれます。オフィスの休憩所で女性と会ったとき、女性と一緒に外出しないといけなくなったとき、ちょっと最近会話をしていなくてよい関係が築けていないなと感じたとき、女性に質問をすることで会話を始めてみましょう。

　どんな質問がいいかは、相手と人間関係ができているかどうかで異なります。相手が初対面に近いなら、まずは仕事関係の話を聞くのがいいでしょう。中には「人となりが知りたい」とプライ

3章 女性とうまく向き合う会話術

ベートな話を無神経に聞く人がいます。しかし女性にとっては「仕事関係の人」「普通の人」に、プライベートな話を聞かれると防衛反応が働きます。自分の聖域に他人が踏み込んでくるような違和感を覚えるのです。実際、多くの男性が知りたいのは「人となり」ではなく、単なる興味本位であることが多く(意識的であっても、無意識だとしても)、女性はそうした男性の心の奥に眠る心理を敏感に察知するのです。

仕事に関することでも、最初は相手が「はい」「いいえ」で答えられる質問をしましょう。新人でしたらまず「○○さん、仕事は慣れてきましたか?」などの質問を投げかけます。相手が「はい。まあ」と肯定的な答えをしたら、「がんばってますよね」と相手の努力を認めつつ、次に具体的な仕事について聞いてみて、話を広げていきましょう。「まだ、ちょっと」と否定的な言葉が出てきたら、「大変ですよね」と共感語を入れつつ、どんな仕事が難しいと思うか聞いて(聞き役に徹して)、「それでしたら、△△さんに聞いてみるといいですよ」など、先輩の女性社員を紹介してあげるのがいいと思います。もう少し人間関係ができてきた相手になら、最初は「○○さんは和食好きですか?」と聞いてから、「取引先を食事に連れて行くのですが、今の旬は何ですかね」などと聞くのがソフトでいいでしょう。いきなり最初から答えを求めて、「今の旬は何ですかね?」と聞くと、女性は自分に対して何を求めているのか、男性の意図を複雑に勘ぐってしまうのでよくありません。

| 最初は「はい」「いいえ」で答えられる、応じやすい質問をして、相手の気持ちをゆるめてから | | 具体的な答えを求める質問をして、話を膨らませていくのがポイント |

会話を「質問力」でうまく乗り切る②
～聞きにくい質問は「許可」に変える～

　相手の女性が自分よりも下の年齢、地位にある場合は、「慣れてきた？」「困っていることはない？」「仕事はどうですか？」といった質問が好ましいでしょう。それは質問をしながら「あなたのことを気にしています」という好意的なメッセージを伝えていることになるからです。こうしたことを続けていくと、好意の返報性から、相手もあなたのことを好意的に思ってくれる傾向があります。自分と同じか上の人には、率直に「○○さんの仕事は経理ですよね」と聞いてから、「私は△△がわからないんですが」とか「私に△△を教えてください」と、何かを教わる会話につなげていくのもいいでしょう。女性は自分が人のためになっているのをとてもうれしいと感じやすく、さらに人によっては母性本能からか、年下にものを教えることを喜びに感じる人もいます。そうした女性の喜ぶツボを刺激していくのもいいと思います。

　ある程度人間関係ができてきた相手には、仕事以外の質問をして話を広げていきましょう。仕事以外の一面を知ることで、人は急速に親しくなっていきます。人の心理には「熟知性の法則」というものがあって、相手のことを詳しく知ると好意が増すという傾向があります。こうした心理傾向を使わない手はありません。ただし、恋愛に関する話、「付き合っている人はいるか？」「結婚しているのか？」といった質問は、よほど親しくなるまで男性側からはしないほうが無難です。女性はこうしたプライベートな話は好みません。男性にはなかなか理解できない感覚ですが、女性の中には彼氏が「いる」「いない」で女性として選別されるような感覚を

3章 女性とうまく向き合う会話術

持っている人がいるのです。「いない」ことで女性としての価値がないように思われないか心配します。自分が恋愛対象として見られるのが面倒と感じる人もいます。同じように「年齢」や「化粧」などの話もNGです。若さや美しさに対してコンプレックスや比較されるのを気にする女性が多くいることを忘れないほうがいいでしょう。

相手の恋愛事情が知りたい場合は「毎日遅くて大丈夫ですか？」というように心配する形をとり、仕事が終わったあとの様子などを聞いて、その反応をうかがうほうがいいでしょう。それでも具体的な質問をしたい場合は「休みの日は何をしているか聞いてもいいですか？」というように「質問」ではなく「許可」という形をとることをお勧めします。人は低姿勢で「許可」を求められると、それに対して「ノー」と言いにくい心理が働きます。相手に不快な感情を抱かせずに、少し聞きにくい質問をすることができます。

- ☑ 部下や年下には仕事を心配する質問、上司や年上には仕事を教わる質問をすると喜ばれやすい。
- ☑ 女性のプライベートにかかわる質問はしないようにする。
- ☑ 聞きにくい質問は「質問」ではなく「許可」の形をとる。

会話を「質問力」でうまく乗り切る③
～短いセンテンスと自己開示の効果～

　仕事以外で女性が不快に感じにくい話題には、「天気の話」「ニュースの話」「流行の話」「話題の場所の話」「食べものの話」などがあります。こうした話題で質問していきながら、会話を広げていきましょう。ただしひとつ気をつけてほしいのが、質問のセンテンスは短めにするということです。たとえば話題の場所、「会社の近くにできたショッピングモールへは行きました？」と聞くと、普通の質問として成立します。ところが「私、昨日、会社の近くにできたショッピングモールに行ってきたのですが、なんだかおもしろいお店が多くて…」と自分から最初に長々と話し始めると、何か意図があるのかと女性を身構えさせてしまうことがあります。「一緒に行きたいと誘っているのか？」「何かの自慢をしようとしているのか？」と、女性は脳全体を使って考えてしまいます。それが女性の性質であり防衛反応です。女性は考える時間を持つと、相手の感情を探ろうとしてしまうのです。そのため質問は短めで、相手に何かを感じさせないほうがいいのです。

　質問を続けても心を開かない相手には、「自己開示」という方法があります。自己開示とは、自分のことを自分から話すことです。仕事で失敗した話、誇れない自分の性格のこと など言いにくいことを相手に伝えると、相手は「私にそんな言いにくいことを話してくれた」と相手を信頼するようになります。そして自分も言いにくいことを相手に話したくなる「自己開示の返報性」という心理効果が生まれ、相手と話しにくいことを共有することで、より身近な存在となりえるのです。自己開示でも、長々と話すので

はなく、短めのセンテンスで話すほうがいいでしょう。相手に詳しく聞きたいと言われてから詳しい話をしましょう。特に男性の上司は自分の性格以上に「強い上司」を演じようとします。普段は強い上司であったとしても、ちょっと部下の女性に弱いところを見せると、人として親しみを持って接してくれるようになります。弱さと強さを見せて、初めて上司になるのです。

☑ 話は短いセンテンスでまとめる。
☑ なかなか心を開かない相手には、自己開示が効果的。
☑ 無理に強い上司を演じても心理的に得はない。

言いにくいことを自己開示すると

相手も自己開示をしてくれやすくなる

「色の好み」から相手の性格を知る①
～心を開いてくれないときは、この質問で～

　なかなか女性社員が心を開いてくれず、どんな性格が見えてこないときは、質問を通して性格傾向を知る方法があります。それは「色の好み」を聞くことです。

　何色が好きかダイレクトに聞くのが少し恥ずかしいならば、女性が着ている洋服の色に注目してみてはいかがでしょう。制服のある会社なら、普段よく着る服の色を質問する方法があります。自分がよく着る色の話をしてからだと、相手に自然な形で聞くことができます。

　色彩心理学の研究によって、同一の色と好みを持つ人には、同一の性格傾向（感情傾向、行動傾向）があることがわかっています。この性格傾向を知れば、相手の性格を垣間見ることができ、仕事上のコミュニケーションに活かせるはずです。ここでは色の好みから相手女性の性格傾向を知り、さらにどのような役割が向いているかを解説していきます。

● ピンクが好きな女性

　ピンクはもっとも女性に人気の色です。基本的にピンクを好む人は穏やかで平和主義者の人です。空想家で幸せな将来を夢見ている人も多くいます。同じピンクでも淡いピンクや柔らかいピンクを好む人は、優しく、より穏やかな性格の人です。争いが苦手で、人と活発な議論をすることは得意ではありません。遠慮がちなところがあるので、考えていることを引き出してあげるよう、

反応に注意してみましょう。濃いピンクや赤に近いピンクが好きな人は活動的なところもあります。人に穏やかに接する部分と厳しく接する部分の両方を持っています。ピンクが好きな人は、新人の教育係などの仕事が向いています。

「色の好み」から相手の性格を知る②
~赤、黒、白が好きだと答えたら~

●赤が好きな女性

赤は外向的な性格の人に好まれやすい色です。赤が好きな人は活動的で行動力があり、情熱的で正義感が強い人です。意志の強い人にも好まれます。またそうなりたいと思う人も赤を好みます。人から賞賛されたいという気持ちもあり、主役になりたいと願う女性もいます。感情をよく表に出します。責任者の資質もあり、営業責任者やリーダーなどに向いています。

●黒が好きな女性

黒を好む人は、大きく分けて2タイプあります。ひとつは都会で暮らし、洗練した生活を送っていて、人を動かす資質を持っている人です。自分が神秘的に人の目に映ることを好み、意志が強く頑固で独立心が強い人です。何かを研究したり、突き詰めたりする仕事に向いています。マニュアルやルールなどを決める仕事、何かを書く仕事がいいかもしれません。もうひとつのタイプは黒に逃げている人です。女性は人からの視線をいつも気にしています。黒を使うと一定の評価を得られるので、つい守りの色として黒を好む人がいます。一般的に会社員のデザイナー、編集者、事務職などが向いています。

●白が好きな女性

白が好きな人は理想が高く努力家の人です。完璧主義者で努力を惜しみません。まじめで優れた才能を持っています。そんな性格の人は美容関係や実業家、研究者、タレントなどの仕事に向

いています。ところが、白が好きだけど努力家ではないという人は、白に憧れているのかもしれません。服で白の持つ良質なイメージと同化できるので、ついつい白を選んでしまう心理が働きます。目立つことは求めていないのですが、心のどこかで注目を集めたいと思っていると白を求めるのです。おとなしい人ですが、内面に隠れた向上心やよく見られたい気持ちがあるので、それをうまく引き出して仕事に活かしてもらうといいでしょう。

「色の好み」から相手の性格を知る③
~黄系、青系が好きだと答えたら~

●オレンジが好きな女性

オレンジが好きな人は元気があって行動力のある人です。競争心が強く、喜怒哀楽が激しい人に好まれます。また社交的で、大勢で行動することを好みますが、無理して場を盛りあげてしまう性格でもあるようです。おひとよしの人もいます。人に接する仕事、営業、販売などの仕事に向いています。

●黄色が好きな女性

黄色は知的で上昇志向が強く、新しいものや変わったものが大好きな人に好まれる色です。好奇心や研究心も旺盛。いろいろなものに挑戦する姿勢を持っています。グループでは中心人物であることが多く、ユーモアのあるユニークな性格の人も多くいます。ビジネスに対してもアイデアが豊富な人です。経営者やコンサルタント、企画営業などで手腕を発揮しそうです。笑いのセンスもあるので人間関係の構築も上手です。

●緑が好きな女性

社会性が強くまじめな人。平和主義者で人と争うことを好みません。人よりも自然や動物が好き。礼儀正しく裏表のない性格です。好奇心も強いですが、自らが企画するというよりは、誰かが企画することを願っているタイプです。人を扱うことに長けた調整派ですが、人とのコミュニケーションが大好きなわけではないようです。そのあたりを意識した役割がいいでしょう。

●青が好きな女性

礼儀正しく謙虚で、仲間との調和をとても大事に考える人です。基本的には慎重派で、計画的にものを考えようとするタイプでしょう。仕事にはまじめに取り組む人が多いようです。知的で賢く調整派、そして慎重派なところがあります。調整役や交渉役などの仕事が向いています。

女性をどう叱るか？①
~遠慮して、正しく指導できない男性~

　後輩や部下の女性社員を指導する場面も出てくるでしょう。でもどう叱るかは、男性にとって頭の痛い問題のひとつです。たとえば、女性社員に依頼した資料のまとめ方が悪いという場合、いつもあなたはどうしますか？

> A：ダメだと叱り、もう一度やってもらう。
> B：「ありがとう」と言って受け取る。

　こうしたケースの場合に後者のBを選択し、なかなか叱れない上司、先輩が増えています。厳しく指摘するとすぐに辞めてしまう、加減を間違えると泣かれてしまうこともあります。「パワハラ」だと大騒ぎされるのも厄介です。そのため、怖くなって叱れません。ついつい気を遣ってしまうのです。

　実はそうした行為を続けても、何もよいことはありません。部下や後輩は成長せず、似たような仕事ぶりを続けるだけでなく、意識の低い社員の多くは次第に図にのって、どんどん仕事ぶりが悪くなっていきます。このケースが改善する可能性は、極めて薄いでしょう。さらに意識の高い女性社員も「女性だから、自分は相手にされない」とむなしい気持ちになって意欲を失っていきます。「男性はちゃんと叱るのに、私には何も言ってくれない」と、女性たちは自分を認めてもらえていないと思います。女性は自分の存在を認めてほしいと願う承認欲求が強いので、不満に思うケースもたくさんあります。女性社員がやる気をなくすのは、個

人の問題だけでなく会社としても大きな損失です。

男性が叱りたくても叱れないのは、防衛機制の「抑圧」と言われるものです。自分の利益を考えて、心の奥底に感情を閉じ込めてしまうのです。

こうしたケースの場合、問題なのは叱ることではなく、叱り方です。最悪なのは、冷静さを失って感情的に怒ってしまい、相手を罵倒することです。では次に、どのように叱るべきなのか、その言い方について考えましょう。

女性をどう叱るか？ ②
~人格否定や怒りは逆効果~

　人は感情的に叱られると防衛反応から相手を否定するようになります。「上司は自己保身のために怒っている」と思い込むようになります。特に女性は他人の視線を気にするので、他の社員の前で声を荒げるようなことはしないほうがいいでしょう。

「だからあなたはダメだ」「なんでこんな資料しか作れないのか」などと言って、相手を否定してはいけません。まずは、資料がよくない原因を示してあげましょう。人を責めずに行為を注意するのです。誤字が多いなら提出前に読み返すように指導し、データが甘いなら、もっと多くのデータがあることや精度の高いデータの取り方などを教えます。次に、そのミスによって誰がどのような影響を受けるのか、資料として甘くて会議では使えないとか、プレゼンに通らないといった影響を説明しましょう。そして最後に、自分の「悲しい」「残念」という感情を伝えるのです。「この資料はとても誤字が多いから、提出前に見直すように。このままでは企業として足元を見られてしまい、プレゼンが通るとは思えない。私は○○さんに期待しているから」といった叱り方になります。そうして「もう一度作ってくれないか」と伝えるのです。

　怒りの感情を伝えたいところですが、ぐっとこらえて、悪い資料の原因と結果を提示し、どう変えてほしいかを具体的に言うのです。部下は明確にどうすればいいかわかり、次からの行動につながります。そのときに言いたいことを言うことが、よい結果を生むとは限りません。

3章 女性とうまく向き合う会話術

4章
心から女性社員を動かすテクニック

　本章では、ここまで紹介した女性の心理傾向を受けて、どのように対応していけばうまく女性が動いてくれるのか、心理学のテクニックを解説していきます。女性の心理特性を知り、女性に気持ちよく働いてもらいましょう。

便座を下げる男になれば、女性とうまく付き合える
～相手側でものを見られる視点～

　女性はよく男性に「トイレを使ったあとは便座を下げて」と主張します。この問題の本質を見ていくと、男性と女性がうまく付き合う糸口が見えてきます。

　あるインターネットの調査で、約7割の女性はトイレの便座を上げっぱなしにする男性が嫌だと回答しています。その主な理由は「不潔」だから。便座を触って下げることに強い不快感を持っています。次に使う女性のために便座は下げてほしいと思っています。男性が下げない理由はふたつ。便座に触るのが「汚い」という人と「面倒くさい」という人がいます。しかし便座は誰かが上げたり下げたりしなくてはいけないものです。

　世間の声をよく聞いてみると、女性から男性には「下げろ」という声があるものの、男性から女性へは「上げろ」という声はほとんどありません。女性の中には「次に使う人のことを配慮できない男は最低だ」という意見が強くありますが、男性は「いやいや、次に男性が使うかもしれないでしょう」と答えます。ここにこの問題のポイントがあります。

　便座を触るのは不衛生です。誰もが嫌なことです。しかし女性が強く拒絶するのは、女性には「不衛生なものが嫌い」という基本的な価値観があるからです。男性よりも不衛生なものへの拒絶感は何倍も強いのです。そして女性は男性よりも「損失回避性」が高く、男性よりも「損をしたくない」と思っているのです。女性が「次に使う人のことを配慮できない男は最低だ」と言うのは、

本当にそう思っているというよりは、「損失回避のため、便座を触りたくないことを正当化する理由にしている」と心理学的には考えられます。女性はそれぐらい便座を触るのが嫌なのです。

女性のその気持ちを知れば、「よしオレが不衛生なものを受けもとう。あとで手を洗えばいいだろう」と、女性のために便座を下げるのがよさそうだと思えてくるのです。

つまり、自分も嫌だけれど、女性が本当に嫌がるものを自分がやってあげようという気持ち、これが男女の間で求められる姿勢なのです。ましてどちらかがやらなくてはいけないのなら男がやろうと思う気持ちです。女性を身勝手だと思いながらするのではなく、そこまで女性が嫌がるのはなぜか？　それを回避するにはどうしたらいいのか？　こうした気持ちがあれば、女性社員とうまくやっていく基礎はできていきます。

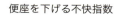
便座を下げる不快指数

女性　99

男性　50

便座を下げるときの不快な気持ちは圧倒的に女性が強い

女性は「ほめて」のばす ①
~ピグマリオン効果を活用する~

　男性社員の中には、部下に優しく接することに抵抗がある、という人がいます。仕事は教わるものではなく自分で盗んで学び、厳しい環境で努力を続けて出世してきたという実績がある人も多いと思います。しかし心理学的に言うと、厳しく怒って人を育てた場合、一時的にはがんばりますが、その熱意は長続きしない傾向があります。むしろ期待をしてほめて接するほうが、期待にこたえたいという気持ちを持ってがんばり、よい結果が出やすいといいます。

　これをピグマリオン効果(ローゼンタール効果)と呼んでいます。アメリカの教育心理学者、ロバート・ローゼンタールは小学校の知能テストにおいて、教師に期待されている子のほうが、期待されていない子よりも学力がのびることを突きとめました。その実験方法には複数の心理学者から批判がありましたが、そのあともピグマリオン効果は研究されて、効果があると期待されています。この効果は子どもだけでなく大人にもあります。特に女性は人の感情に敏感なので、「期待されている」と感じると、その気持ちにこたえようと奮起します。女性の部下を育てたいなら、基本的には「ほめる」こと。上を見て努力を続けてもらうためには、ほめることで「期待されている」と感じさせるのが効果的です。

　女性は心理学的な実験によって、男性よりも暗示にかかりやすいことがわかっています。特に自己評価が低い人、同調行動を取りやすい人には、ほめられることが効果的に働きます。女性はほめてのばしていきましょう。

4章 心から女性社員を動かすテクニック

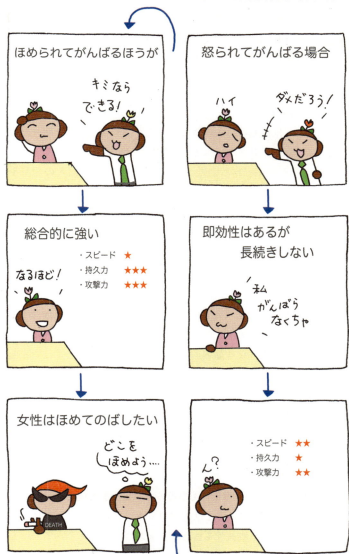

女性は「ほめて」のばす②
～目の前の仕事以外にもいいことがある～

　上司が女性社員をほめることで「私は期待されている」と感じ、仕事をがんばってくれる効果が見込めます。上司の期待にこたえたいという気持ちは、心理効果の中でも強く働きます。期待感を持ってくれる上司に対しても好意的な感情が芽生えます。当然、仕事で結果を出せば、会社だけでなく、女性社員個人の報酬や環境がよくなる可能性も高くなります。期待を込めて女性社員をほめると、女性社員の「成長」「社員との関係強化」「実績向上」「取り巻く環境改善による、継続的な戦力保持」とさまざまなことが期待できます。

　さらにもうひとつ、ほめることで大きな効果が期待できます。それはあとあと、説得や交渉がしやすくなるということです。男性は理論的な思考をしているので、理屈で攻められると反論せず受け入れるケースがあります。一方で女性は理屈よりも感情で考えやすいので、いきなり論理的に攻められても陥落しないことがしばしばです。しかし、日ごろからほめていると、女性も説得や交渉に対して受け入れやすくなるのです。期待してくれている人の頼みを拒絶するのは非常に勇気のいることです。その説得や交渉を断ると、期待されなくなってしまうのではないかと恐怖感を持ってしまいます。女性は損失回避の傾向が強いので、こうした恐怖感を男性よりも強く持っています。女性社員をほめるという行為は説得、交渉の下準備にもなるのです。相手を叱るのは即効性がありますが、ほめることは即効性がなく、ゆっくりと浸透するので、日ごろから継続することが大事なのです。

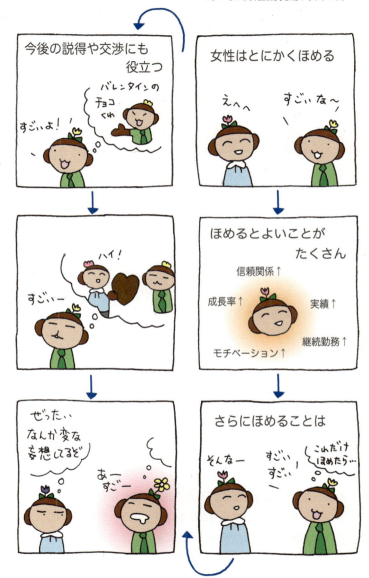

ほめるのが苦手な人へ
~ここに気づけば自然に会話ができる~

　日本人は人をほめるのが苦手と言われています。中でも男性は人をほめるのが苦手です。相手が女性なら、ほめるのはもっと嫌でしょう。特に40代、50代の男性が女性をほめるという行為はハードルが高いのです。今まで厳しく指導されてきたこの世代は、ほめられた経験があまりないので、どうほめていいのかわかりません。ほめ方がよくわからない人がたくさんいます。気恥ずかしいというか、ウソくさいというか、その気持ちはとてもよくわかります。ほめるのが苦手な人は、相手をほめるトレーニングをしましょう。ここに気づけば自然にほめられる、というポイントを説明します。

(1) ほめ言葉のボキャブラリーを増やす

　ほめられず、ほめることをあまりしてこなかったので、ほめ言葉を知らないということがあります。これは学習して自分のものにしていくしかありません。代表的なほめ言葉を次項にまとめています(p.154参照)。

(2) ほめると甘える、つけあがると思わない

　たしかに、ほめるとつけあがるような人が増えています。自分に甘く人に厳しく、自分に好意的な人だけと付き合おうとする人は、女性に限らず男性にもたくさんいます。ただそれは、ほめ方の技術を知ることで、ある程度抑制することが可能です。心理学的な実験から、人は叱るよりもほめることで得られるメリットのほうが多いことがわかっています。ほめることが悪いのではなく、

ほめ方が悪いのです。またほめるのが嫌なので、つけあがると思い込んでいる人もいるでしょう。それは誤解です。ほめたくない人が、逃避の理由として「つけあがる」と思い込んでいるのです。正しいほめ方をマスターして、女性社員も自分も会社も得をする循環を作りましょう。

(3) 人を好き嫌いで見ないようにする

　人間ですから、苦手な人、嫌いな人をほめるのは抵抗があるでしょう。嫌いな人はほめたくない。それは人として自然なことですが、特に女性がいる職場で大事なのは「平等」です。ここは好き嫌いの感情をとりあえず置いておき、嫌いな人のいいところを探しましょう。

　視点や解釈を少し変えてみると、ほめるところが見えてきます。協調性がなく、わがままに振る舞う人は「自分の気持ちに素直な人」、いつも怒っている人は「何事にも真剣に向き合っている人」と見方を変えていくのです。

(4) ほめて否定されたら、それを打ち消す

　「○○さんは仕事が丁寧ですよね」とほめると、多くの女性が「いえ、そんなことはありません」と否定してきます。それが形として美しいからです。ほめるのが苦手な人はそこでほめるのをやめてしまいます。しかしそれでは、ただのお世辞で終わってしまいます。相手が否定してきたらすかさず、「いやいや、丁寧ですよ」と相手の否定を再度否定し、「本当にそう思っています感」を出しましょう。具体的な箇所をほめてもいいですし、「丁寧ですよ」とだけほめ続けてもかまいません。とにかく会話をやめてはいけません。

女性に使える「ほめ言葉リスト」①
~これで相手はうれしい気持ちになる~

　女性の気持ちを理解しにくい男性にとって、女性のどこをほめていいのかよくわからないことも多いと思います。そこで、手軽に使えて女性が喜ぶほめ言葉をまとめてみました。外見や女性らしさをほめるのは、ある程度人間関係ができてからでないと不快に思われることがあります。「肌がきれい」「スタイルがいい」などのほめ言葉は「セクハラ」と言われかねません。基本的には女性の仕事ぶりや努力、存在そのものなどをほめていくといいでしょう。

● 「いつもがんばっているね」「いつもがんばっていますね」

　女性の努力をほめる言葉です。「いつも」と入れることで、いつも私はあなたの努力を見ていますというメッセージにもなります。似た言葉で「努力家だね」という言葉もありますが、「努力家」としてしまうと、女性本来の性格、性質を評価しているようにとらえる人もいます。女性が会社のために、みんなのために、性格に関係なく「がんばっている」ところを評価するとよいでしょう。ですので「努力」をほめるなら、「努力家」ではなく「努力している」というほめ方のほうが効果的です。

● 「礼儀正しいね」「礼儀正しいですね」

　礼儀正しいという評価は、育ちのよさを認めていることになるので、女性がうれしく感じるほめ言葉のひとつです。ただし、年下の男性が年上の女性に普通に言うと失礼、生意気と感じられることもあるので、ほめるときは「すごく感動しました」という言い方、ニュアンスを込めましょう。

4章　心から女性社員を動かすテクニック

●「笑顔がいいね」「笑顔が素敵です」

オフィスにおいて女性の外見はなかなかほめにくいものですが、笑顔に関してほめると不快な感情を持たれにくくなります。こうしたほめ方をされると女性は意識して笑顔を作るので、より女性を笑顔にする効果があります。

●「字がきれいだね」「字がきれいですね」

文字がきれいというのは女性が喜ぶほめ言葉のひとつです。「心がきれいだと文字もきれい」。昔から文字はその人の心を表すとも言われています。文字の美しさを性格にからめてほめるとさらにいいでしょう。

●「気が利くね」「気配りがありがたいです」

女性は裏で、ものごとがうまくいくように配慮してくれているときがあります。コピーを5セット依頼したら、クリップでとめて分類してくれる。冷暖房の温度調節を気にしてくれる。そうした配慮が見えたら、すかさずその気配りや配慮をほめましょう。女性は自分の努力や気配りを見てくれている、評価してくれていると感じると喜びます。

自分が上司や先輩であれば、「よく気が利く」とほめましょう。年下の男性が女性に「気が利く」というと怒られるので、「気配りがありがたいです」「配慮が素晴らしいです」などと、自分にはできない配慮だという意図を感謝とともに伝えましょう。

女性に使える「ほめ言葉リスト」②
~内面と外見をうまく評価する~

●「その髪型いいね」「新しい髪型似合いますね」

　関係が薄い相手に対して、外見的なことをほめると不快に思われることがありますが、長い時間を共有して人間関係ができてきた相手には、女性の外見的な変化をほめることも大事です。特に髪型を変えたときは積極的に指摘し、新しい髪型はいいと評価してあげましょう。いつも気にして見ています、あなたがチャレンジした新しいものは私も評価します、という姿勢が大事です。

●「新人に好かれるね」「人が集まってきますね」

　女性にとって多くの友人、社内の味方がいるというのはステータスのひとつです。人気者という評価の中には、「あなたは性格がいいから、人が集まってくるんですね」というメッセージが込められています。また人に好かれようと努力している女性は多く、その努力をほめることにもつながります。

●「性格がいい」「優しいですね」

　女性の内面をさらりとほめる言葉です。見た目よりも内面をほめられると、自分を見てくれていると感じやすく、女性はうれしい気持ちになります。オフィスでは外見をなかなかほめにくいので、内面はできるだけ積極的にほめたいところです。

●「面倒見がいい」「愛情を持って接していますね」

　部下や後輩に丁寧に接する女性をほめる言葉です。男性ならリーダーシップや指導力をほめるほうがいいのですが、女性には

「面倒見がいい」「愛情を持って接している」といった「情」の部分をほめると喜ばれます。教え方も「わかりやすい」「教え上手」といったところをほめましょう。

● 「○○さんのおかげ」「○○さんのおかげです」

プレゼンがうまくいった、契約が取れたときに、協力してくれた女性にかけたい一言です。女性は自分の存在が誰かの役に立ったということをとても喜びます。感謝の気持ちを込めて、「あなたがいてくれてよかった」という気持ちを伝えると、承認欲求を強く持つ女性はとてもうれしく感じます。女性が主導した仕事がうまくいったら「任せてよかった」というのがほめ言葉になります。

仕事の指示は「わかりやすい」が得①
~話し始める前に、要点メモを渡す~

　打ち合わせで社員を招集すると、それぞれノートや手帳を持参してくると思います。「話をメモする」、それはとても正しい行為です。人の記憶はあいまいですから、メモを取ることでのちほど振り返ることができます。ただしその行動がベストパフォーマンスを生むとは言えません。自分が説明したことを人がメモするのを見ると、気持ちよく感じます。自分が優れたことを言っている錯覚を生むから（いい打ち合わせになった気分になるから）です。女性と打ち合わせをする場合には、要点をメモした簡単な書類（ごく簡単な概要書）を配布したほうが、効率的に進行できます。

　男性は論理的に話を組み立てて説明するのが得意です。しかし女性は男性ほど論理的な組み立てが得意ではありません。打ち合わせの要点（骨組み）があると考え方にずれが生じず、理解を促進させることができます。女性は色に対して反応しやすいので、大事な項目を赤にすれば、重要事項として認識しやすくなります。また女性は人から見られることを意識して、文字を汚く速く書くことに抵抗があります。要点だけでもメモに書いてあれば、必然的に書く量が減り、余計なストレスを感じなくてすみます。小さなノートにちまちま書くよりも、A4の用紙に書いたものは視覚的にも理解度を向上させるでしょう。

　ペーパーレスの視点から、打ち合わせ中にパソコンで、話した内容を記録する形も増えてきました。ところが心理学的な視点で言うと、手を動かして書いたほうが記憶に残りやすいことがあります。そしてパソコンに打ち込むという動作も妙な安心感を作り、忘却を促進してしまう作用があるので注意しましょう。

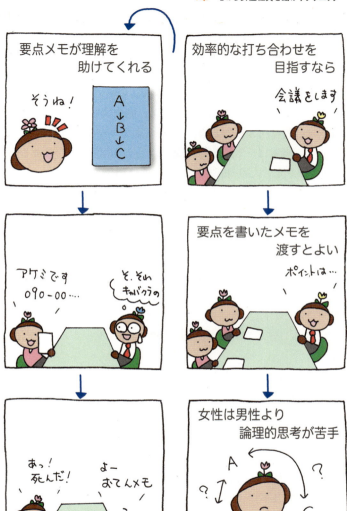

仕事の指示は「わかりやすい」が得②
~どこまでやるかアンカーを示せ~

　仕事を依頼する場合、「もっとセンスよくやってくれ」「きれいにまとめてくれ」のような抽象的な指示、感覚的な指示はよくありません。人は何かを作る場合、(無意識な人が多いのですが)必ず何かを見本にして、それと比較してものを作ったり、改善したりしています。人の判断システムは「比較」が基準なのです。その比較するものがないと人は混乱してしまいます。

　その基準を的確に示して、AをBにしてくれ、CをDに変更してくれといった指示が求められます。比較対象物をアンカーと呼びます。具体的なアンカーを提示してあげることは、効率的な指示のプロセスなのです。特に女性はいろいろなものを関連づけて、意識や目標が多岐に分散する傾向があります。指示をする場合はアンカーを示してあげましょう。少なくとも「いつまでに」「何を」「どのように」「どこまで」するかは提示しておく必要があります。

　上から頼まれた仕事を自分で理解せずに「なんとなく」お願いしたり、「まあ、うまくやって」のような指示だと、結局見当違いの結果を生み出してしまいがちです。「なんとなく空気を読んでうまくやってほしい」と願うのは上司の怠慢で、それができてしまったら上司はいらなくなってしまいます。特に女性には目的、アンカーをしっかりと伝えて、物語性を感じてもらうのがいいでしょう。この仕事は「私が主人公」(私ならうまくできること)で、どこまでやると、「誰がどうなる」(みんなが喜ぶ)。そんなストーリーを具体的に描けるように指示しましょう。

4章 心から女性社員を動かすテクニック

具体的に何を	人は何かを考えるとき
1ヶ月後までに京都Aプランに名店のランチをつけて…	旅行の「企画」「企画」んー 

どこまでやるか	足したり、引いたり必ず比較をして考える
それで予算5千円アップまでで組み立てて 	AにBを足してA´にすればOK 

示してあげる必要がある	感覚的な指示はダメ
OKです！ よし！	んー なんとなくセンスよくA´にして

男女によって変えたい会議室
～女性は広い部屋での打ち合わせがよい～

　企業では、会議を一日に何度もおこなうことがあります。効率よく進めるために、できれば、そのメンバーの男女比によって、使う会議室を決めましょう。

　女性が多いとき、和やかでリラックスした会議を目指すなら、狭い会議室を使用するといいでしょう。和気あいあいとした雰囲気になりますが、話が雑談化する可能性があります。雑談を避けて、活発な意見が欲しいときは、広めの会議室を使うとよいでしょう。

　逆に、男性が多いメンバーで狭い会議室を使うと、活発な意見が出やすく、攻撃的な精神状態になりやすい傾向があります。広い会議室を使うとリラックスした雰囲気で話し合えます。

　これは、女性と男性が持つパーソナル・スペースの広さの関係や心地よいと思う環境の差、男女の性質の違いが原因と考えられます。女性は仲のよい相手とは、近い距離で話すとリラックスした状態で話ができ、男性は仲のよい相手でも、近くにいると競ってしまう傾向があるからです。

　また、会議室のカラーリングにも工夫してみましょう。椅子、カーテン、壁などを全体的に青系でまとめると、集中力がより高まります。これは、青の持つ色彩の心理効果によるものです。さらに青は時間の流れを速く感じさせるので、短時間で活発な会議になりやすいでしょう。暖色系の赤などを使うと、女性は特に色が気になってしまい、集中力が低下する危険性があります。

　女性中心のメンバーで、テキパキと活発な会議をしたいなら、青い内装の広めの会議室がベストです。

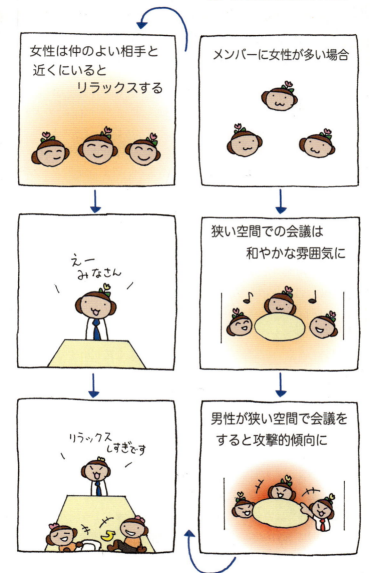

女性の「どちらがいい?」は女性に戻す
~質問の前に、気持ちは決まっている~

　プレゼンを準備している女性から、「プレゼンの当日に着ていく服は、紺が基調の服と白が基調の服、どちらがいいと思いますか?」という質問をされました。さてあなたはどうしますか?
「紺のほうが信頼感を出せるし、プレゼンに向いていると思う」なんて真顔で答えてはいけません。本書をここまで読んでいただいた方はもうおわかりかと思いますが、すぐさまアドバイスをするのはやめたほうがいいでしょう。質問されたら「○○さんは、どちらの色の服がいいと思いますか?」と逆に質問を戻しましょう。「えーと、私は落ち着いて話せそうだから、紺かな…」と、多くの場合は女性が勝手に答えてくれます。質問するときにはすでに、女性の中には答えがあることが多いのです。質問という形式をとって、賛同してほしいという気持ちが隠されているのです。男性なら女性の回答を受けて、「紺はいいじゃないですか。プレゼン、うまくいくと思いますよ」と言って、気持ちよく送り出すのが正解です。

　選択肢の中からひとつを勧めた場合、女性が思っていたほうと一致すればいいのですが、そうでないと女性はあなたを否定するかもしれません。それはちょっと危険な賭けです。

　「○○さんは、どちらの色の服がいいと思いますか?」と質問を逆にして、そこで本当に悩んでいると感じられたら、そのときはあなたならではの鋭い視点で、アドバイスしましょう。女性からの質問は、反射的に白黒つけてはいけません。女性の気持ちをうまくくんであげることを楽しみながら接してください。

4章 心から女性社員を動かすテクニック

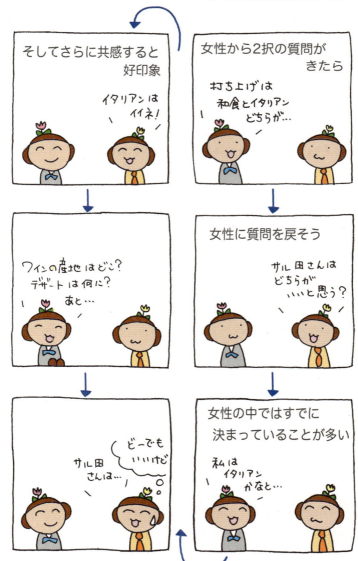

女性が失敗したら「おつかい」を頼む
～追い詰めないフォローの方法～

　あなたが上司なら、女性社員が失敗したときに叱らなくてはいけないこともあるでしょう。そこで絶対にやってはいけないのが、感情的に人間否定をするような言い方と、大勢の前で怒るという行為です。女性は男性よりも人の目を気にします。他人が自分をどう思っているか、他人からどう見えるかをすごく気にしていますから、大勢の前で怒られると、とても恥ずかしく、怒った人に対しても、まわりで見ていた人たちとも、人間関係に支障が出る可能性があります。簡単な注意ならその場でもいいのですが、ちゃんと指導する場合は別室に移りましょう。

　女性はとても落ち込みやすい精神構造をしています。失敗すると、必要以上に自分自身を責める人もいます。そんな女性の同僚がいたら、気晴らしに外へランチに誘ったり、愚痴を聞いてあげる姿勢を見せましょう。「誰でもあることさ」「がんばったのに残念だったね」と共感する言葉や、「次、またがんばろう」「気にしないで」など前向きに切り替えていく言葉をかけましょう。

　ただし泣いている女性は、下手に慰めると逆に高揚してしまうことがあります。そんなときは買いものや他社への届けものなど、外に行く仕事をお願いするのがいいと思います。社内の人の目から離れ、一人になることができますし、外の情報に触れることで、気持ちを整理しやすくなります。外に行かせられないなら、社内でひとりになれる仕事を依頼してあげましょう。

笑える「自虐ネタ」を使えるように
～女性の気持ちを動かす小話を常備～

　女性に対しては聞き上手に徹し、いろいろな話を聞くのが基本です。そのうえで場を和ませる話をいくつか持っている男性は強いです。男性はすぐに自慢話を聞かせたがりますが、相手の女性にとっては聞きたくない話の代表例です。ところが失敗話は、誰もが大好きです。他人の失敗を笑うのはよくないので、思い切って自分の失敗話、自虐的な話を笑いに変えて話しましょう。悪意のない自虐話は女性に対して鉄板のネタです。こうして話をすると効果的、というポイントをまとめてみました。

- ☑ 悪意のないネタ、人の悪口にならない話にする。
- ☑ 重過ぎる自虐ネタは出さない。
- ☑ 自分の不幸な感じを演出するため、神妙に辛そうに話す方法がある。「ちょっと聞いてください」「聞いてくれよ～」と始め、途中で笑いながら話すほうが、臨場感を出しやすい。
- ☑ 最初から笑って話す方法もある。逆に、上級者になると「まじめそうな顔」をして淡々と話すことで後半が際立ってくる。
- ☑ 話には必ずオチをつける。「ここで笑っていいんだ」というオチ（タイミング）がないとダメ。
- ☑ 関係が薄い相手ほど、話は短いほうがいい。オチまでの時間が長いと、相手は緊張感で辛くなる。何度か笑ってもらえたら長めに。
- ☑ 自虐ネタを披露するときは「笑ってもいいんだよ」という雰囲気が大事。笑いを取ると評価が高くなりやすい。

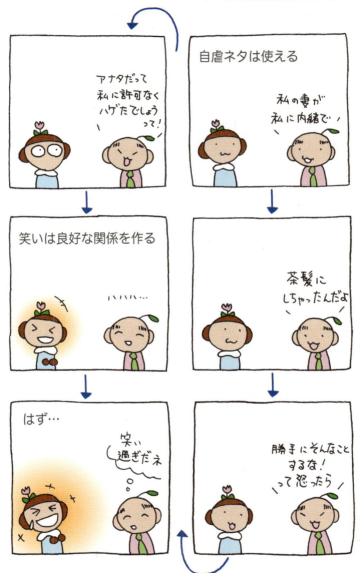

女性に「イエス」と言わせるテクニック①
～説得と納得の基本マニュアル～

　女性社員に対して、いろいろと説得しなくてはいけないシーンも出てくるでしょう。男性と女性は違うわけですから、納得しやすいポイントも異なります。男性に対しては理論的に説明していけば納得してくれることについて、女性は理屈でわかっても、なかなか納得できない場合があります。女性を説得するベースは、実は今までのページで説明してきたことが基本です。見た目、会話術などを積み重ねていくことで、信頼関係が生まれ、「この人のためなら」と女性は力を貸してくれます。ここではいざというときのために、女性を説得するための準備、テクニックと心理をまとめてみました。

(1) 親切の返報性

　日ごろから相談にのるなど、親切にしていると、困ったときに女性は「何度も相談にのってもらったし、助けてもらったから」と親切をお返ししたい気持ちを持ってくれます。説得するときに有効に働く心理効果です。ただし「これだけ親切にしてあげているんだから言うことを聞け」という空気は絶対に出してはいけません。

(2) 社会的証明

　周囲の人、一般の多くの人がしていることは、正しいものであると受け入れやすいものです。「みんながしている」「大勢の人がしている」という資料やデータは、女性には受け入れやすいベースになります。

4章 心から女性社員を動かすテクニック

(3) 希少性、時間的制約

めずらしいもの、手に入りにくいものは、それだけで欲しいという気持ちが高まります。女性は損失回避の傾向が強いので、「この時期を逃したら」「今だけチャンス」という言葉に強く反応します。女性に依頼する仕事も時間的な制限、期間限定の要素を加えれば、説得に応じてくれやすくなります。「明後日までに決めてくれたら、会社側からこれだけのよい条件がもらえる」などと交渉すると、「それを過ぎたら損をする」と感じやすく、女性は受け入れやすくなります。

(4) フット・イン・ザ・ドア・テクニック

受け入れてもらいやすい小さなお願いを最初にしてから、大きなお願いをする方法です。一度、お願いを受け入れてしまうと、その次のお願いも断りにくいという心理をついた方法です。コピーや書類整理などからお願いしていって、面倒なプレゼン資料の作成まで手伝ってもらおうというものです。いきなり面倒な資料作成を依頼されても了承しにくいですが、小さなお願いを繰り返してハードルを上げられると、断るタイミングを逸してしまいます。

女性に「イエス」と言わせるテクニック②
～説得と納得の応用マニュアル～

(5) ドア・イン・ザ・フェイス・テクニック

　最初に無理なお願いをして、断られたあとで、本当に頼みたかったお願いをする方法です。最初のお願いを断ると罪悪感がわくので、小さなお願いぐらいは引き受けようという心理が働きます。大きなプロジェクトの総合的な仕事を依頼しようとします。休みもなくかなり大変なので断られたら、次にプレゼン資料の手伝いを依頼するのです。女性は「申し訳ないし、それぐらいでしたら」という気持ちになって、協力してくれる可能性が高まります。

(6) ザッツ・ノット・オール・テクニック

　相手が承諾するかどうか考えているうちに、さらに好条件を追加する手法。テレビショッピングでのオマケ作戦がこれにあたります。有利な条件が増えていくので、すごく得した気分になります。

(7) 母性本能をくすぐる「弱さ」を見せる

　自分が苦手な部分は、見栄を張らずに素直にお願いすることです。パソコンの設定など、知ったかぶりをして完璧な上司を装うより、素直に「私はこれができない。だから助けてほしい」と弱いところをわざと見せる方法です。できない自分、ダメな自分を飾ることなく見せてしまうことで、女性は母性本能をくすぐられて「仕方ないな、助けよう」と思ってくれやすくなります。自分がさらに上の社長、部長などから強く言われているところを見せると、「かわいそう」と助けてくれる女性は少なくありません。

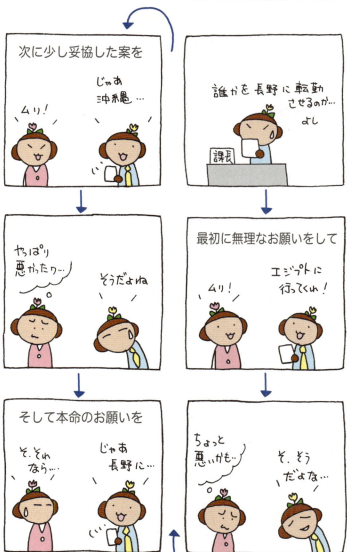

女性の「タイムリミット」から来る危機感
～ライフワークバランスを考慮する～

　女性社員はすぐ結婚して仕事を辞めてしまうし、なかなか責任のある仕事を任せにくいと考える男性社員は多くいます。また、下積みの仕事からスタートして今の地位にいる管理職の男性も、女性に細かい単純作業を振ろうとします。

　そして、キャリア系の若手であっても、男性社員の多くは、ある程度の雑務や下積みの仕事を続けることを容認します。一方で、女性社員の多くは、事務作業や雑務などの仕事を続けていくことに強い不満を持っています。「私の仕事ではない気がします」「私がやりたいことと違います」などと必要以上に下積みの仕事を拒絶する傾向があります。これはなぜでしょう？　女性が単にわがままなのでしょうか？

　いいえ、それは違います。心理学を学んでいくと、キャリア系女性は、私たち男性にないあるものを持たざるをえないことがわかります。それは時計、タイムリミットを刻む時計なのです。

　気ままに仕事に打ち込める男性と異なり、女性は「仕事」だけでなく「結婚」「出産」「育児」をいつか経験するという意識を強く持っています。「仕事」だけを追求するキャリア系女子社員が多い時期もありましたが、今は「仕事」に加えて、女性としての喜びも充実させたいと願っている人が多いのです。女性は「ワーク」と「ライフ」のバランスを常に意識しています。女性はワークライフバランスを実現するために、時間についての恐怖心を強く持っていて、仕事は何年までにこういうことをしたいと強く願っています。結婚は何歳に、出産を何歳にして、育児を経てまた仕事に戻りた

4章　心から女性社員を動かすテクニック

いなど、設定している年齢は違えど、多くの女性は時間と常に戦っています。それはタイマーを頭の上にのせているようなものです。このタイマーの存在を知り、女性の恐怖心を理解して、仕事を任せていかなくてはいけないでしょう。

　ワークライフバランスの取れた働き方は、プライベートを充実させたいと願う女性のわがままではありません。充実したプライベートを過ごすために効率的に仕事に取り組みたいと思う働き方です。ワークライフバランスの取れた働き方をしている人は、短い時間で集中して仕事をしているので、効率がよいということも言えます。この気持ちを理解して支援することで、女性が持つ仕事への満足度も上がり、ストレスも軽減されます。社員も充実した日々が過ごせ、企業も優秀な人材を確保でき、効率が上がるというメリットが多分にあります。

関係が悪化した相手との関係改善策①
～会話を続け、まずは「謝る」～

　関係が一度悪化してしまうとなかなか元には戻れないのが人間関係です。嫌いなところがますます嫌いになり、同じ部屋で同じ空気を吸っているのも嫌になります。心理学的に考えるなら、そうした相手との良好な関係を取り戻すのは非常に困難で、効率が悪過ぎます。その努力をするくらいなら、関係を断ち切って新しい人と良好な関係を築くべきです。

　でもいろいろな事情や感情で「もう一度やり直したい」と思うなら、厳しいことを覚悟のうえで、いくつかの方法を実践してみましょう。諦めるのはそれからでもいいでしょう。

(1) 考え方を変える

　今のままでは何も改善しません。まずは自分の考えを少し変えましょう。相手を今さら好きになるのは難しいでしょうから、これ以上嫌いにならないことです。「細かい相手」は「きちょうめんな人」と思いましょう。「ごうまんな人」は「自信のある人」と思いましょう。「八方美人」は「社交的な人」と思いましょう。「利己主義の人」は「自分の欲求に素直な人」と思いましょう。「口が軽い人」は「みんなに楽しいことを伝えたくてたまらない人」と理解しましょう。相手のネガティブなところをポジティブなものに置き換えてみるのです。この置き換えは相手のためにするのではありません。相手を嫌っているあなたのためになるのです。

(2) 会話を続ける

　嫌いになった相手との会話は苦痛です。不快です。しかし科学

的な実験からも、会話を続けなくては関係はよくならないことがわかっています。関係をよくしていきたいと考えるなら会話を続けましょう。会話に抵抗があるなら「質問」をするのです。相手に質問をたくさんすることは、「あなたに興味がある」という好意のメッセージです。そして相手のことをどんどん知りましょう。相手のことを詳しく知ると、相手のことに興味を持ち、好意が芽生えてくるはずです。これを心理学では「熟知性の法則」と呼んでいます。加えて、できるだけ相手の近くにいる「近接の要因」、相手と顔を合わせる回数を増やす「単純接触の原理」、この3つは相手との関係を深める三大心理要素です。

(3) まずは「謝る」

男性は特に「謝ると負け」という固定観念を持っていて、悪いなと思っていても謝れない人が多くいます。人間関係で考えるなら、少しでも悪いと思ったら「謝る」ほうがよい効果をもたらします。何か言いたいことがあるなら「すみません」と謝ってから「でもここは…」と主張を丁寧に伝えましょう。最終的に謝らないで負ける、損をするのはあなたです。自分の感情は少し置いておき、良好な関係を築いて得をしましょう。

細かい人
　→きちょうめんな人

(1)考え方を変える

(2)会話を続ける

(3)まずは「謝る」

関係が悪化した相手との関係改善策②
~仕事を依頼してみる、食事に誘う~

(4) 仕事を依頼してみる

　社内でどの立場の人との関係が悪化しているのかにもよりますが、相手に自分が仕事を依頼できる状況ならばチャンスです。その人に思い切って仕事を依頼してみましょう。同じ部署の同僚、後輩、部下と関係が悪化しているなら、本当はかかわりたくないと考えるはずです。しかしそれでも、仕事を依頼するのです。他部署の人間でもあえて指名して、仕事を依頼します。相手は相当に違和感を持つと思いますが、それがまたチャンスです。依頼したものがとてもよく出来上がったら、自分から直接出向いて「ありがとう。あなたに依頼してよかった」と感謝の気持ちを伝えます。「なんで私に？」と聞かれたら、「最初は頑固で頭が堅い人かと思っていましたが、妥協しない一本筋の通った人かなと考えました。そんなあなたに依頼したら、いいものができると信じていました。私の目は間違っていませんでした」と、ここまでのことが言えたら、関係は一気に良好なものに変わるでしょう。ポジティブに変換した気持ちをぶつけてみるのです。出来上がってきたものが、そんなによいものでなくても、いいところを見つけてほめましょう。それで関係を良好な方向へと、大きく舵が切れるはずです。

(5) 食事に誘う

　ちょっと上級の方法ですが、思い切って食事に誘う方法もあります。相手の女性と2人で、というのに抵抗があれば、誰かに間に入ってもらってもいいでしょう。それでも食事に誘う価値はあります。ひとつは時間を置いて、自分も相手も感情を静めるた

4章　心から女性社員を動かすテクニック

め、もうひとつはランチョン・テクニックという心理学的手法を使うためです。人は快楽や充足感をともにすると、ともにした相手に好意を持ちやすいという心理効果を狙うのです。おいしいものを食べたところでまず、「実は少し悪かったと思っている」と詫びの言葉を言えたら完璧です。

　食事の後半には、言いにくい失敗談や言いにくいプライベートなことを話してみましょう。この自己開示は必ず相手の心に響きます。翌日から相手の自分を見る目が変わると思います。
　食事は、洋食や居酒屋よりも和食がお勧め。和室のカラーリングが心を穏やかに癒してくれる効果も期待できます。個室は大仰だと思えば、カフェでお茶でもいいでしょう。気軽で何か楽しめる雰囲気がある場所で話をすると、気まずい雰囲気を軽減してくれます。大事なのは話をすることです。そして心地よさや快楽を共有することです。

(4)仕事を依頼してみる

(5)食事に誘う

辞めたい女性を踏みとどまらせる技術
～自分視点で話さない、無理に説得しない～

　女性社員があなたのところに会社を「辞めたい」と言いに来ました。さてあなたならどうしますか？

　優秀な女性社員に辞められてしまうのは、部署だけでなく会社としても大きな損失です。女性の先輩や上司が辞めても、困ることでしょう。

　この言葉を言われたら、大事なのは初動のおこないです。まずは「何があったのか教えてほしい（ください）」「辞めたいと思う理由を詳しく聞かせてほしい（ください）」という気持ちを伝えることです。あなたは私、私たちに大事な人なので、ちゃんと話を聞きたいという気持ちを伝えることです。間違っても「困る」「どうしよう」など、思ったことをそのまま口にしてはいけません。

　次に詳しい話を聞きましょう。できたらその場ではなく、「これは重要なことだ」という顔をして、ゆっくりと話せる場所に移動したほうがいいでしょう。

　そしてまずはちゃんと話を聞くこと。すぐにアドバイスや解決策を提示してはいけません。辞めたい理由が「今の仕事が、やりたいことではない」ということで、現状の仕事に不満を持っているのならば、どんな仕事がしたいのか聞きましょう。こうした理由を持ち出す場合、本当は違うところに原因があるケースもあります。話を聞きながら、本当にそうなのかを気にしておく必要があります。仕事に問題があり、やりたいことが自社内の工夫では歩み寄れず、大きな隔たりがあるならば仕方ありません。しかし話を聞きながら歩み寄れそうな部分があるならば、そっと提示して

4章　心から女性社員を動かすテクニック

あげるのもいいでしょう。

　人間関係で困っている場合、あなたが上司としてうまくコントロールできなかったことを詫びることです。女性の気持ちがモヤモヤしている場合は、その発散場所がなく困っていることが多々あります。気持ちを吐き出して、誰かが（上司のような、会社により近い存在が効果的）受けとめてくれたら、納得するという場合もあります。後輩だったら上司にかけ合ってみるなど、女性のために努力する姿勢を見せるといいでしょう。

　女性に話をしているうちに、気持ちが晴れてくることがあります。話すことで「もう少しがんばろう」と思えることも多いのです。あまり「説得しよう」と多くの言葉をたたみかけないことです。

ちゃんと話を聞きたいという姿勢が大事

女性社員とうまく接する人は出世する
～単独プレーでは認められない時代～

　女性社員とうまく接する人は出世する。まるで精神論に聞こえるかもしれませんが、そうではありません。単に仕事ができるだけでは認められにくい、出世できない社会になってきました。女性の社会進出に伴い、多くの企業で女性社員が増加、女性の管理職も増加しています。内閣府男女共同参画局の調査でも、女性社員の雇用年数は増加傾向にあります。2020年をめどに、女性の管理職比率を50％まで引き上げようという企業もあります。

　まずは、今後増えていく女性社員の部下を理解し、うまくコントロールしていく能力を身につけましょう。思考、行動パターンが異なる女性とどううまく接していくかが、組織マネジメントにおいて重要になってきます。女性に細かい作業を押しつけたり、女性を正当に評価せずに軽く扱ったりする時代は終わりました。さらに言えば、今後は増加していく女性上司とどう向き合っていくかが自分の評価、実績を上げていくポイントになるのは間違いありません。もう、精神論や気持ちだけではうまくいかないのです。

　男性と女性は違います。どちらが優れているとかいないではありません。ただ違うのです。その違いを科学的に理解して、うまく接していく人こそ、これからの時代に求められる男性社員でしょう。「女性社員を制する人が出世を制す」。女性の気持ちを理解していくことが、結果的に会社に利益をもたらし、自分の利益を生んでいくのです。

4章 心から女性社員を動かすテクニック

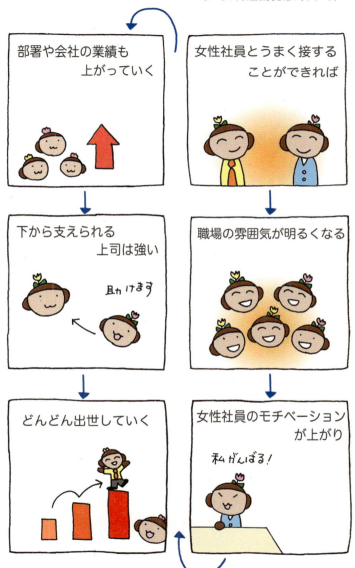

あとがき

　男性と女性は違います。大事にしている価値観も考え方も違います。脳の使い方も注視しやすいものも違います。私たちは男女で普通に会話をしていますが、コミュニケーションの目的も方法も異なっているのです。

　いろいろなものが違っているのですから、話がかみ合わないのは当然です。すれ違いから人間関係がぎくしゃくするのも仕方のないことです。男性が男性の感覚で女性と接しても、うまくいくわけがないのです。また違うからといって、女性を軽視するのもよくありません。偏見や思い込みを捨てて、女性のことを理解することから始めましょう。女性のことを理解できれば、彼女たちの発言や行動の裏側がわかります。それは女性とうまく付き合うために必要不可欠なものです。ムダにイライラすることもなくなり、どうすれば女性を喜ばせられるのか、うまく仕事をしてくれるのか、大きなヒントにつながります。

　残念なことに、女性に対する誤解はいまだ多く存在します。女性は「地図」を読めないと言われますが、方角を意識しながら位置関係を把握するのが苦手なだけです。目印を記載した地図を使えば、男性よりも目的地に早く着けるという女性は少なくありません。また男性は女性を「感情的」と批判することがありますが、女性は感情と結び付けてものを判断する傾向が強いだけで、感情的かどうかは確かではありま

せん。むしろ、怒ると激情してうまく会話を続けられずに暴力的になる男性のほうが「感情的」と言うにふさわしいかもしれません。女性への偏見や間違った認識を少しでも正していきましょう。

　本書では、オフィスを舞台として、女性社員とうまく接するための会話術やテクニックを紹介しています。そしてこの方法は、家庭での会話や取引先の女性との人間関係にも役立ちます。ビジネスだけでなくプライベートでの友人とのやり取りにも応用できます。どんな相手でも本書のテクニックを活用すれば、使わない場合に比べて非常に多くのメリットをあなたにもたらしてくれるでしょう。一度、読んで終わりにしないで、何度も読んで自分のものにしてください。女性社員とうまく付き合えない後輩や部下にも、アドバイスをしてあげてください。
　本書によって少しでも女性と接することが楽になり、あなたの豊かな生活の力になれたら幸いです。

ポーポー・ポロダクション

《 参 考 文 献 》

渋谷昌三監修『よくわかる心理学』(1999年、西東社)
小林裕・飛田操編著『教科書 社会心理学』(2000年、北大路書房)
有田秀穂著『共感する脳』(2009年、PHP研究所)
野村順一著『色の秘密』(1994年、ネスコ、文藝春秋)
ポーポー・ポロダクション著『マンガでわかる人間関係の心理学』(2010年、サイエンス・アイ新書)
ポーポー・ポロダクション著『マンガでわかる心理学』(2008年、サイエンス・アイ新書)
NHKスペシャル取材班ほか著『だから、男と女はすれ違う』(2009年、ダイヤモンド社)
本間正人・祐川京子著『やる気を引き出す! ほめ言葉ハンドブック』(2006年、PHP研究所)
ケビン・ホーガン著、五十嵐哲訳『「できる人」の対人術』(2004年、PHP研究所)
丸山ゆれ利絵著『「一流の存在感」がある人の振る舞いのルール』(2015年、日本実業出版社)
今井志保子著『男の価値は「色」で決まる!』(2008年、ソフトバンク新書)
平木典子著『自分の気持ちをきちんと〈伝える〉技術』(2007年、PHP研究所)
ウィリアム・オールマン著『ネアンデルタールの悩み 進化心理学が明かす人類誕生の謎』(1996年、青山出版社)

《 参 考 論 文 》

望月文明「感謝と幸福感―近年のポジティブ心理学の研究から―」(『モラロジー研究』No.68、pp.31〜44)

ほかに、多くの論文やサイトを参考にしています。

索引

あ

相づち	44、122、124
アンカー	160
安心感	54、72、86、158
暗示	148
色	66、74、92、94、118、134、136、138、158、162、164
印象形成	78、90、102
ウソ	96、104、152
右脳	40、48
笑顔	98、155
エリオット（アンドリュー・エリオット）	74
オウム返し	124
落ち込み	166

か

海馬	42
感謝	10、112、114、155、157、178
完璧主義	34
記憶	32、42、90、104、158
希少性	171
嗅覚	70
競争心	50
強迫性人格障害	34
近接の要因	177
結婚	82、174
好意	68、72、98、114、118、121、128、130、150、152、177、179
好意の返報性	98、130
交渉	139、150、171
幸福感	114
合理化	22
小林一三	80

さ

ゴッドマン（ジョン・ゴッドマン）	128
コンプレックス	82、116、131
左脳	40、42、46、48
自己開示	114、132、179
自己評価	24、148
自慢	28、36、50、72、125、126、132、168
社会的証明	170
熟知性の法則	130、177
承認欲求	109、140、157
女性脳	40、42
初頭効果	78
親切の返報性	170
信頼関係	108、121、125、170
ストレス	88、98、158、175
清潔感	80、82、85、88、90
正当化	22、32、36、68、147
セクハラ	68、70、154
説得	121、150、170、172、180
セロトニン	30、34
損失回避	20、30、34、56、78、116、146、150、171

た

単純接触の原理	177
男性脳	40、42
鎮静効果	93
ドア・イン・ザ・フェイス・テクニック	172

な

ナルシスト	28
認知	64、66

| 脳梁 | 40、42、46 |
| ノンバーバル・コミュニケーション | 58 |

は

パーソナル・スペース	121、162
ハロー効果	90
被害者意識	32
ピグマリオン効果	148
ひとめぼれ	70
フット・イン・ザ・ドア・テクニック	171
プロゲステロン	18
返報性	98、114、130、132、170
防衛機制	22、141
母性本能	130、172
ボッシュ(キャスリーン・ボッシュ)	56
ホルモン	18

ま

| ミラーリング | 124 |

ら

ランチョン・テクニック	179
恋愛	68、70、72、74、78、82、130
ローゼンタール(ロバート・ローゼンタール)	148
ロマンティック・レッド効果	74

わ

| ワーキングメモリー | 24 |
| ワークライフバランス | 174 |

マンガでわかる
人間関係の心理学

人と会うのが好きになる！　悩みがフッと軽くなる

人生のなかで、幾度となく体験する人間関係の悩み。

集団で生活するうえで避けては通れないこの悩みの
原因から解消方法までを、心理学と脳科学の両側面から、
マンガでわかりやすく解説していきます。

第一印象の重要性や、共感能力の磨き方などを
本書で学べば、あなたの悩みはきっと解消されるはず!!

序章　なぜ人間関係で悩むのか？	第3章　相手との関係を深める心理学的要素
第1章　人間関係は「出会い」から	第4章　壊れそうな関係の修復方法
第2章　人に好かれる「会話」嫌われる「会話」	第5章　職場で使える心理学テクニック

マンガでわかる心理学
座席の端に座りたがるのは?
幼いころの記憶がないのは?

心理学は、人の行動を観察し、行動の理由や原因を分析して心の働きを研究する学問です。要は、心を科学的に研究すること。つまり、自分のことをもっとよく知り、対人関係で多くの問題を回避するのに欠かせない学問なのです。本書では、この心理学の歴史からその種類、そして私たちの身の回りでどのように使われているかを、マンガでおもしろおかしく解説します。

マンガでわかる
色のおもしろ心理学
青い車は事故が多い?
子供にみせるとよい色とは?

色には、時間感覚を狂わせる、物の重さを大きく感じさせる、食欲をわかせる、眠りに誘う、などのさまざまな力があります。こうした力は、企業の商品戦略や犯罪の抑制など、身近なところで広く活用されているのです。本書では、色のもつさまざまな力を、マンガでわかりやすく、おもしろく解説します。本書で色彩心理の第一歩に踏みだしてください。

サイエンス・アイ新書 発刊のことば

science・i

「科学の世紀」の羅針盤

　20世紀に生まれた広域ネットワークとコンピュータサイエンスによって、科学技術は目を見張るほど発展し、高度情報化社会が訪れました。いまや科学は私たちの暮らしに身近なものとなり、それなくしては成り立たないほど強い影響力を持っているといえるでしょう。

　『サイエンス・アイ新書』は、この「科学の世紀」と呼ぶにふさわしい21世紀の羅針盤を目指して創刊しました。情報通信と科学分野における革新的な発明や発見を誰にでも理解できるように、基本の原理や仕組みのところから図解を交えてわかりやすく解説します。科学技術に関心のある高校生や大学生、社会人にとって、サイエンス・アイ新書は科学的な視点で物事をとらえる機会になるだけでなく、論理的な思考法を学ぶ機会にもなることでしょう。もちろん、宇宙の歴史から生物の遺伝子の働きまで、複雑な自然科学の謎も単純な法則で明快に理解できるようになります。

　一般教養を高めることはもちろん、科学の世界へ飛び立つためのガイドとしてサイエンス・アイ新書シリーズを役立てていただければ、それに勝る喜びはありません。21世紀を賢く生きるための科学の力をサイエンス・アイ新書で培っていただけると信じています。

2006年10月

※サイエンス・アイ（Science i）は、21世紀の科学を支える情報（Information）、
　知識（Intelligence）、革新（Innovation）を表現する「i」からネーミングされています。

SB Creative

science・i

サイエンス・アイ新書
SIS-362

http://sciencei.sbcr.jp/

マンガでわかる
女性(じょせい)とモメない職場(しょくば)の心理学(しんりがく)

「何(なに)が自分(じぶん)と違(ちが)うのか?」から
気持(きも)ちをつかむ会話術(かいわじゅつ)まで

2016年8月25日　初版第1刷発行

著　者　ポーポー・ポロダクション
発行者　小川　淳
発行所　SBクリエイティブ株式会社
　　　　〒106-0032　東京都港区六本木2-4-5
　　　　電話：03-5549-1201(営業部)
装丁・組版　クニメディア株式会社
印刷・製本　図書印刷株式会社

乱丁・落丁本が万が一ございましたら、小社営業部まで着払いにてご送付ください。送料小社負担にてお取り替えいたします。本書の内容の一部あるいは全部を無断で複写(コピー)することは、かたくお断りいたします。本書の内容に関するご質問等は、小社科学書籍編集部まで必ず書面にてご連絡いただきますようお願いいたします。

©ポーポー・プロダクション　2016 Printed in Japan　ISBN 978-4-7973-7018-8

SB Creative